eビジネス新書

No.379

週刊東洋経済

車載半導体争奪戦

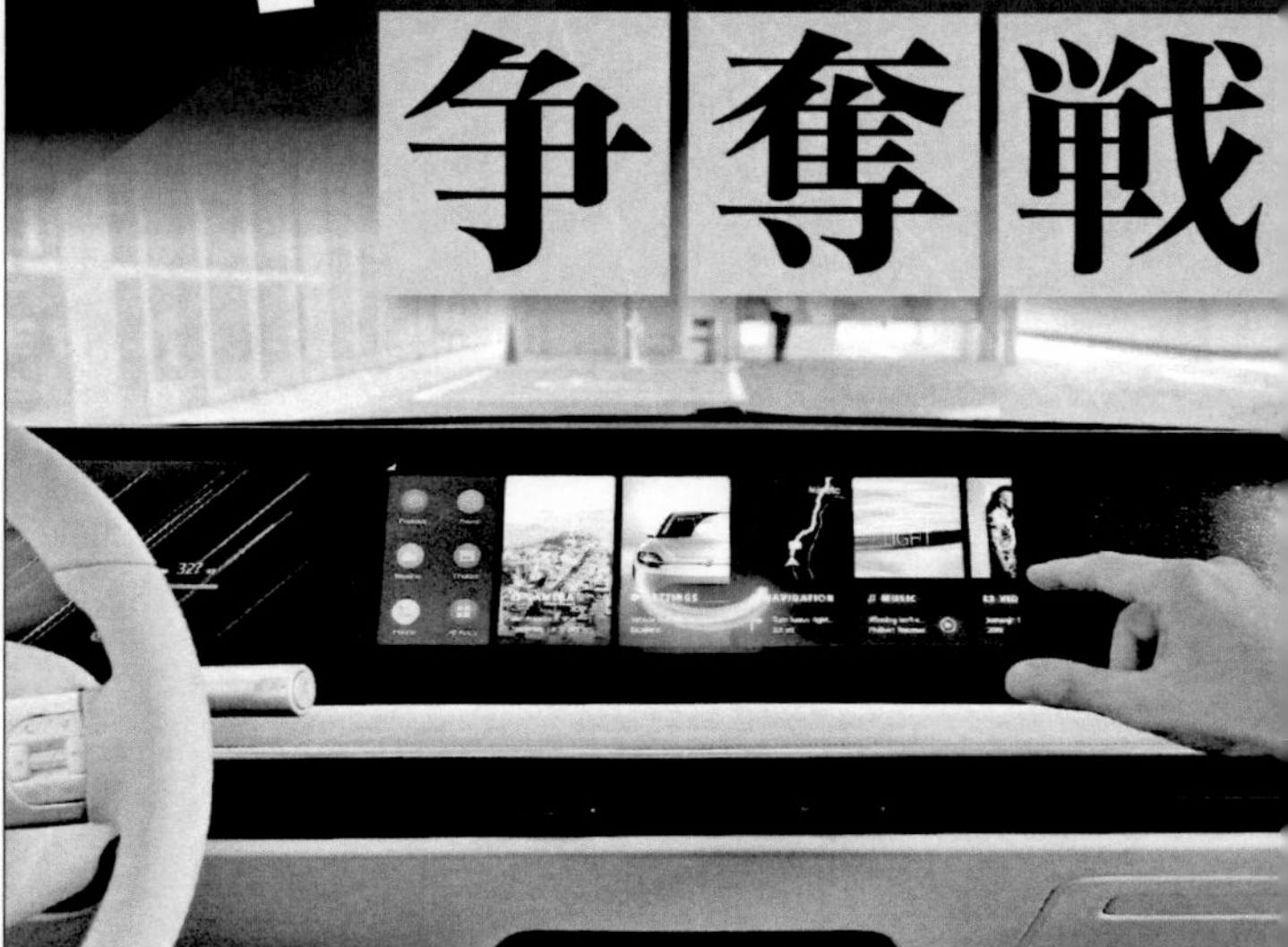

週刊東洋経済 eビジネス新書 No.379

車載半導体 争奪戦

本書は、東洋経済新報社刊『週刊東洋経済』2021年3月27日号より抜粋、加筆修正のうえ制作しています。情報は底本編集当時のものです。（標準読了時間 90分）

車載半導体　争奪戦　目次

自動車メーカーを襲う「半導体不足」4つの理由

「何とか半導体の必要分をかき集めてもらえないか」

2021年1月、SUBARUの調達担当役員は仕入れ先へのお願いに奔走していた。目的は日々逼迫度が増していた車載半導体の確保だ。だが、「部品メーカーのトップクラスに直談判を繰り返しても、色よい返事はもらえなかった」（SUBARU関係者）。結局、同社は半導体不足の影響で、3月までに年度計画の5%に当たる4万8000台の減産に追い込まれた。

SUBARUだけではない。自動車業界は20年前半の新型コロナウイルスによる大減産から年末にかけて急速に販売が回復してきたところで、半導体不足という新たな壁に行く手を阻まれている。

20年末に独フォルクスワーゲンがいち早く生産調整を発表。年明けからは、程度の差こそあれ、国内外のあらゆるメーカーが生産調整を余儀なくされている。英IHSマークイットは、21年1～3月の半導体不足に伴う減産影響は世界で100万台近くになると推計。自動車メーカー幹部はこう漏らす。「せっかく販売の勢いが戻ってきていたのに残念だ。とにかく影響を最小限に食い止めたい」。

なぜ半導体不足が自動車産業を直撃したのか。

約3万点に及ぶ自動車部品の中で、半導体はあらゆる場所に使われている。「走る」「曲がる」「止まる」といった基本的な動きを調整するために必要なマイコンのほか、電圧を制御するパワー半導体やアナログ半導体。厄介なことに、これらが1つ欠けても自動車は完成しない。近年は自動ブレーキなど先進運転支援システム（ADAS）の整備も進んでいるが、センサーに加え、そこで得られた情報を処理するのも半導体の役割だ。

急増産できない半導体

半導体逼迫の一因が自動車生産の予想外の急回復だ。新型コロナの第1波が世界を襲った2020年4月ごろ、各国が行ったロックダウン（都市封鎖）により、自動車各社は工場の稼働停止を余儀なくされた。消費も低迷し、販売も見込めないと予想された。その頃、半導体メーカーには発注のキャンセルや繰り延べが大量に発生していた。

ところがふたを開けてみると、一足先に大流行から脱した中国市場が驚異的な回復を見せ、4月以降は前年同月を上回る新車販売台数となった。欧米や日本も夏以降に回復し、秋からは前年以上の販売ペースを達成している。

理由1 自動車市場はコロナ影響から回復へ

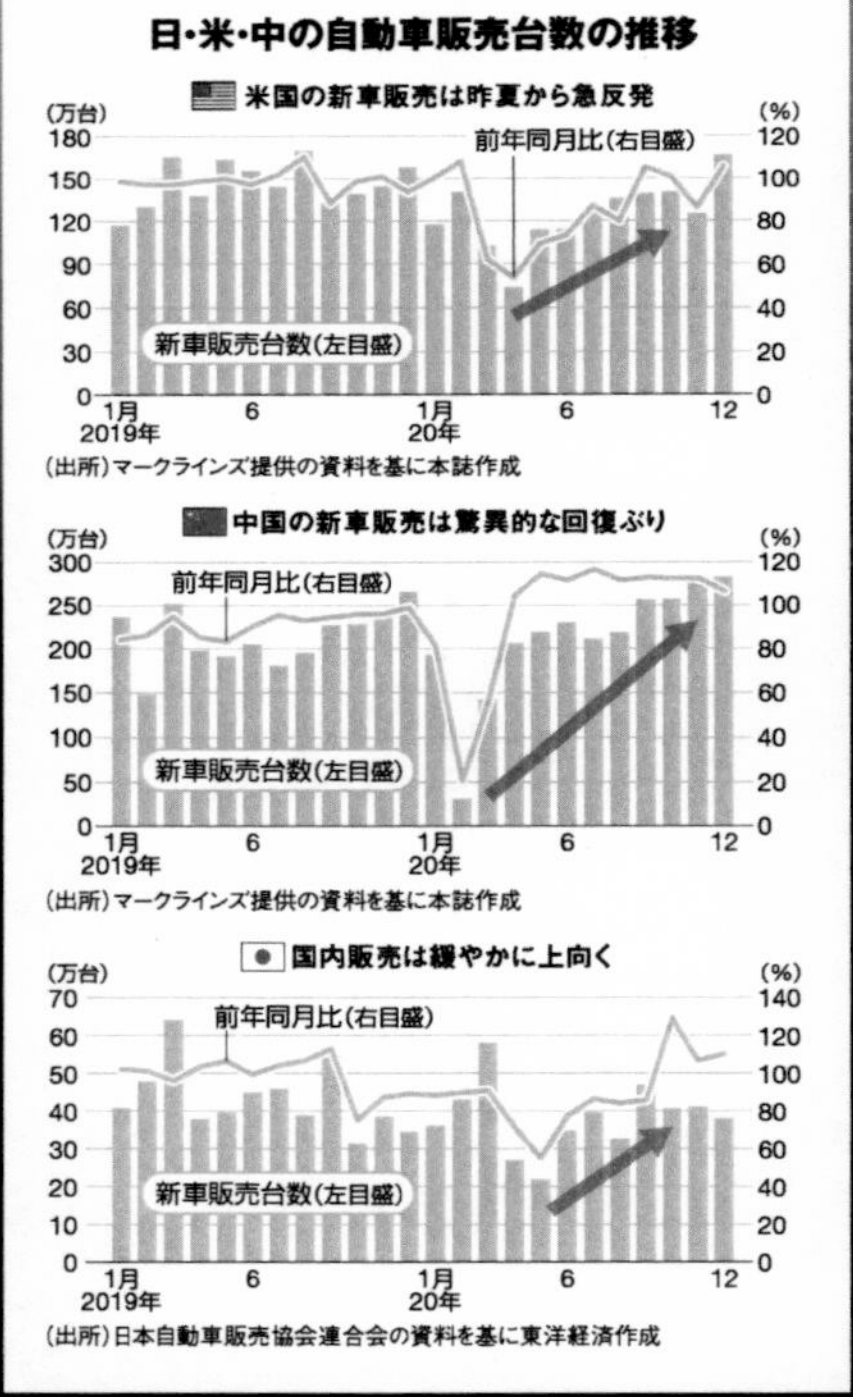

(出所)マークラインズ提供の資料を基に本誌作成

(出所)マークラインズ提供の資料を基に本誌作成

(出所)日本自動車販売協会連合会の資料を基に東洋経済作成

自動車産業では、綿密な製造計画を基に、必要な分だけその都度発注する「ジャスト・イン・タイム」が浸透しており、余分な在庫は持たない。緻密なコスト計算を可能にする完成度の高いサプライチェーンマネジメントだ。一方で、急激な需給変動には対応しづらく、今回はその負の側面が露呈した。

とくに、半導体は材料であるシリコンウェハーが完成品のチップになるまでに半年近い時間がかかる。夏前に弱気な見立てで発注した量以上が秋以降に必要になっても、急な増産は難しかった。

例えば、車載半導体大手のルネサスエレクトロニクスを見ると、2020年4～6月期の前工程稼働率は60％を切る低い水準だった。ルネサスは台湾TSMCなどに生産委託しているが、需要見通しの悪化からその委託量も減少させていた。

ルネサスなどBCP（事業継続計画）用に在庫を用意している半導体や部品メーカーもあるが、とくに欧州系はそれすら十分に確保していなかった。今回、独コンチネンタルなど欧州メガサプライヤーへの依存度の高かったホンダや日産自動車が大きな影響を受けたのはそのためだ。結局、傷が浅く済んだのは、サプライチェーン管理に長けたトヨタ自動車くらいだ。

トヨタはデンソーをはじめとするグループ各社が最長で4カ月程度、半導体の在庫を確保していた。「逼迫時には1日10回ぐらい電話会議を行った」（トヨタの近健太CFO〈最高財務責任者〉）ほど緊密な、半導体メーカーも含めた取引先との連携が奏功した。

一方、車載半導体が年末に逼迫し始めるまで自動車業界には総じて危機感がなかったようだ。ある半導体メーカー幹部は「8月末くらいには不穏な兆候があり、顧客には警告していた。だが、具体的な対策が取れないまま進んでしまった」と振り返る。別の半導体業界関係者は冷ややかに突き放す。「都合よく発注量を変えられても、追加でお金を払ってくれるわけでもないのに無理な要請には応じられない」。

「しょせん下請けだった」

「半導体はしょせんティア2かティア3の下請けと思っていた」

自動車産業を監督する経済産業省の担当者は、自動車メーカーからの半導体業界への視線について、こう説明する。　だが、こういった状況は急速に変わりつつある。

　現在、自動車にとって半導体のコストは決して高いものではない。鉄の塊である車体や駆動系部品、タイヤなど多くの部品から構成されることから、必ずしも半導体は自動車の主役ではなかった。だが、先端技術の進展に伴い自動車1台当たりの半導体搭載量は増えている。とくに自動運転には先端半導体が必要で、10年後には金額ベースで半導体のコストが従来の10倍になるとの試算もある。自動車産業は今後、半導体のエコシステムの中でどのような地位を占めるかを本格的に見定める必要がある。

理由2 自動車の半導体搭載量が増加

自動運転技術の発達によって、
1台当たりの半導体搭載量は増えていく

(出所)インフィニオン・テクノロジーズの決算資料を基に東洋経済作成

そもそも、半導体は自動車向けだけが不足しているわけではない。コロナ禍によるテレワーク拡大はＰＣ需要だけでなく、世界中でやり取りされるデータ量の増大を背景としたデータセンター需要なども喚起した。家電をはじめとしたＩｏＴ（モノのインターネット）関連の需要も旺盛だ。

理由3 コロナ禍でIT業界の半導体需要が増加

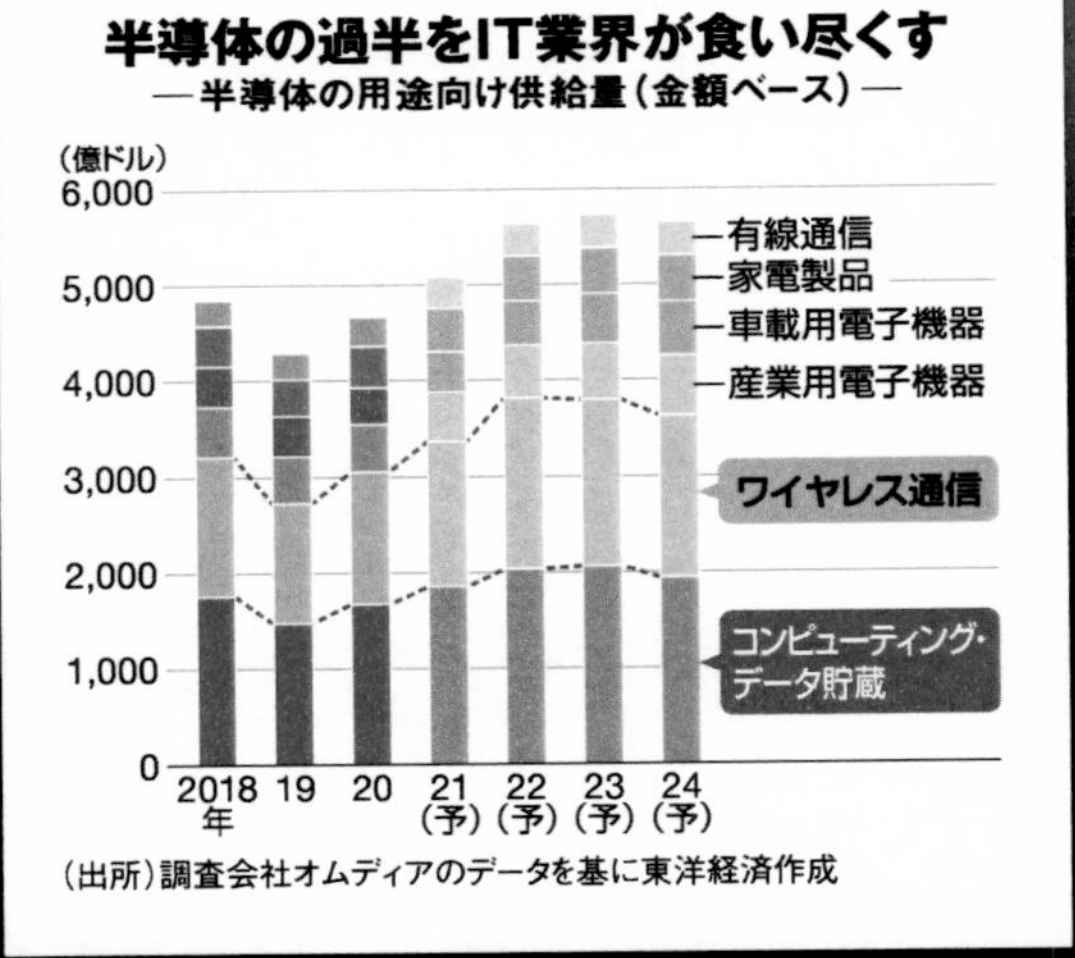

（出所）調査会社オムディアのデータを基に東洋経済作成

英調査会社オムディアによると、19年末に予想した今後5年間の半導体需要の伸びは年平均1％だったが、新型コロナ感染拡大後の見直しで年平均6％の伸びに上振れた。これは5年間で約35％市場が拡大するという急激な伸びだ。すでに、最先端半導体を搭載したソニーの家庭用ゲーム機「プレイステーション5」の品不足や、PCに使用するグラフィックボードの高騰といった事態も生じている。

こうした事情は、車載向け半導体の不足解消の見通しにも影を落とす。実は、車載向け半導体を20年減産した際、他用途の半導体がその穴を埋めてしまったからだ。

PCやスマホに使われるCPUなど先端半導体に比べて、車載向けに使われる半導体は数世代前のプロセスで作られる。それぞれの生産ラインは違い、転用もできないため直接は競合しない。ただ、「家電製品や通信インフラには競合するプロセスで作られる半導体が数多く存在する。こうした半導体の需要が増えていることが車載向けのラインを圧迫している」とオムディアのアナリスト、杉山和弘氏は指摘する。

自動車業界では「21年前半には不足は解消し、来期（22年3月期）には影響しない」（ホンダの倉石誠司副社長）、「5～6月には解決」（日産のアシュワニ・グプタ最高執行責任者）との見立てが大勢を占める。だが、今後も22年ごろまでは慢性的な不足が続くと杉山氏は話す。

その背景には、車載向けなどに使われる古いプロセスでの設備投資がなかなか進まないという現実がある。ＴＳＭＣなどの受託生産メーカー（ファウンドリー）は、単価が高く、高収益が望める先端ラインの増強を優先するからだ。ファウンドリーでＴＳＭＣを追いかける台湾ＵＭＣや中国のＳＭＩＣは旧世代での製造が主だが、彼らも設備投資は新世代が中心。車載向けの供給能力の増加は当面望めず、一度手放した生産枠を自動車関連が取り戻すのは難しい。

一連の混乱は、「自動車中心のピラミッドの崩壊」に帰結する。

理由4 自動車を頂点とする産業の序列が変化

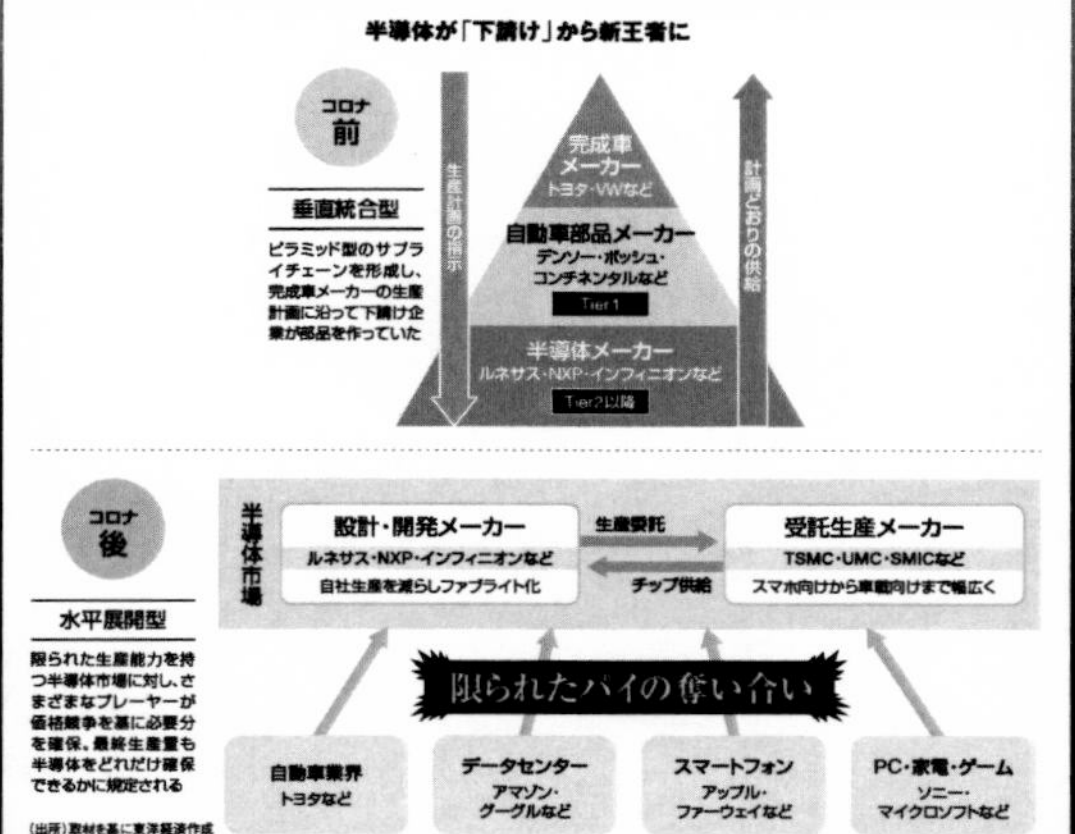
半導体が「下請け」から新王者に
コロナ前
垂直統合型
ピラミッド型のサプライチェーンを形成し、完成車メーカーの生産計画に沿って下請け企業が部品を作っていた
生産計画の指示
計画どおりの供給
完成車メーカー
トヨタ・VWなど
自動車部品メーカー
デンソー・ボッシュ・コンチネンタルなど
Tier1
半導体メーカー
ルネサス・NXP・インフィニオンなど
Tier2以降
コロナ後
水平展開型
限られた生産能力を持つ半導体市場に対し、さまざまなプレーヤーが価格競争を基に必要分を確保。最終生産量も半導体をどれだけ確保できるかに規定される
半導体市場
設計・開発メーカー
ルネサス・NXP・インフィニオンなど
自社生産を減らしファブライト化
生産委託
チップ供給
受託生産メーカー
TSMC・UMC・SMICなど
スマホ向けから車載向けまで幅広く
限られたパイの奪い合い
自動車業界
トヨタなど
データセンター
アマゾン・グーグルなど
スマートフォン
アップル・ファーウェイなど
PC・家電・ゲーム
ソニー・マイクロソフトなど
(出所)取材を基に東洋経済作成

先の図は、コロナ前後の産業序列の変化を表す。以前は頂点に君臨する完成車メーカーが指示した生産計画に沿い、下請けが部品を生産。半導体業界もティア2以降に組み込まれていた。

ところが、その半導体業界内で変化が起きる。これまで自社で生産していたルネサスなど半導体メーカーは次々とTSMCなどファウンドリーに生産委託。自らは設計やソフトウェア開発に注力する「ファブライト化」を進めたのだ。もともとピラミッド外におり巨大なファウンドリーにとって、自動車業界は大きな顧客ではない。もはや自動車だからと特別扱いはされず、データセンターやスマホといった他市場向け半導体と限られたパイを奪い合う構図が出現した。

こうした状況を受け、半導体メーカーは自動車産業ピラミッドに依存しない傾向を強めている。ルネサスは車載向け売上比率を徐々に下げるとともに、21年2月には平均1割弱の値上げに踏み切った。同社は「原材料価格の上昇分を転嫁した」と説明するが、背景に地位向上に伴う価格交渉力の上昇があるのは明らかだ。

むろん値上げに伴う軋轢もある。ある半導体をめぐり、値上げをのみたくない自動車部品メーカーと、販売を仲介する半導体商社の間で激しい交渉が行われた。だが、この商社の幹部は「うちが身銭を切ってまでお付き合いする話ではない。強気で交渉する」と、状況次第では取引終了も辞さない構えだ。

変革迫られる自動車業界

「ルネサスは言うことを聞かなくなった」。自動車業界関係者はため息をつく。ルネサスをめぐってはデンソーが2019年に株を買い増し、トヨタの保有分を合わせると10%超を握る有力株主だ。デンソーは独インフィニオン・テクノロジーズ株も保有し、半導体業界との結び付きを強めている。ただ、今後どの程度の影響力を行使できるかは未知数だ。

今回と同様の事態を回避するうえで、目下の焦点は半導体を含む自動車部品の在庫負担を誰が負うかだ。ルネサスは、完成品ではなく仕掛かり品の段階で在庫をとどめ、費用を抑えつつ製造リードタイム短縮を実現する仕組みを作った。21年から本格的に始める。

同社にとって車載向け事業が売り上げの半分近くを占める基幹事業であることには変わりない。柴田英利社長は21年1月に都内で開かれたイベントで「従来型のアプローチでは限界がある。意見交換から始めたい」とサプライチェーンの改革に意欲を見せた。

半導体不足は今後の地殻変動への序章にすぎない。自動車業界は「100年に1度の大変革期」(トヨタの豊田章男社長)で、電動化や自動運転など「CASE」と呼ばれる波が押し寄せている。機械のすり合わせや製造技術で差別化することが難しくなり、ITやソフト、データが主流になる。それは「車のスマホ化」を意味する。そこでの主役を虎視眈々と狙うのが米アップルや米グーグル、ソニーなど異業種だ。彼らが設計・開発したものを自動車メーカーが製造する主従逆転の可能性すらある。

半導体パニックが製造業王者・自動車業界に突きつけた課題は重い。

(高橋玲央、木皮透庸)

【Q&A】押さえておきたい

車と半導体基本の「キ」

自動車メーカーへの供給不足で注目を浴びている半導体。今起きている問題を理解するために知っておくべき基本を、「Q&A形式」で解説した。

——【Q1】自動車に使われている半導体にはどんな種類がある?

主にアナログ半導体、マイコン、パワー半導体などがある。アナログ半導体は、センサーなどから得たアナログ信号を、コンピューターで処理できるデジタル信号に変換する半導体のことを指す。一方、マイコンは「走る」「曲がる」「止まる」という自動車の基本動作を制御する半導体。またパワー半導体は、電流を交流から直流へ変換したり、電圧を上げ下げしたりする役割を担い、モーターの制御などに使われている。

――【Q2】自動車1台に半導体はどのくらい搭載されている？

みずほ銀行の2019年の調査によると、ガソリン車1台当たりの半導体搭載金額は約200ドル。エンジンやトランスミッションなどのパワートレイン、パワードアやパワーウィンドーなどのボディー、電動パワーステアリングやサスペンションなどのシャシー、カーナビゲーションやエアバッグなど多くの車載製品に半導体が使われている。このため、自動車は「走る半導体」とも呼ばれる。

さらに車の電動化や自動運転化が進むと、1台当たりの搭載金額は増えていく。HV（ハイブリッド車）では約500ドル、EV（電気自動車）では約400ドルとガソリン車よりも多い。自動運転レベル3（条件付き運転自動化）機能付きの車種では約800ドルと、ガソリン車4台分に膨らむ見通しだ。その先のレベル4以降では、さらに高性能なセンサーや通信用半導体、高性能マイコンが必要になり、搭載量は劇的に増える。

――【Q3】自動車の性能が進化すると、なぜ半導体の搭載数が増える？

自動車業界では今、「100年に1度」と言われる大変革が進行中だ。C（コネクテッド）、A（自動化）、S（シェアリング）、E（電動化）でCASEと呼ばれ、この領域で先頭を走れるかどうかが今後の競争力を左右する。

電動化が進めば、エンジンがモーターへと置き換えられ、モーターの駆動を制御するためにより多くのパワー半導体が必要になる。自動車を軽量化し消費電力を少なくするため、さまざまな機構部品を半導体で制御が可能なモーターに置き換える動きも進んでいる。

自動運転の実現には、自動車の周囲の状況を認識するためのレーダーやセンサー、カメラが必要になる。さらに、そこから得られたデータを保存・転送するためのメモリー、データを分析して環境を探知するための人工知能（AI）に必要なGPU（画像処理半導体）などのプロセッサーが搭載されるようになる。1つのチップで周囲の状況を判断し、動作も指示する「SoC」も自動運転向けに開発されている。

また、近年は道路情報をリアルタイムで更新するダイナミックマップや、スマートフォンとの連携機能が搭載されるようになっている。自動車と外部との通信容量を増やすために使われる半導体も増加している。ダッシュボード周りに大型液晶パネルを配置するなど、車内の電子機器も増えている。

――【Q4】車載向け半導体が不足だが、流通経路はどうなっている?

多くの場合、半導体メーカーはパワー半導体などを単品でデンソーや独ボッシュ、独コンチネンタルなど電装品メーカーがシステムやユニットに組み上げ、トヨタ自動車やホンダなど完成車メーカーに納入し、電装品メーカーに納入している。デンソーやボッシュなどの部品メーカーは自ら半導体の開発・製造を一部行っているが、完成車メーカーを頂点にしたピラミッド構造でみると、半導体専業メーカーはティア2(2次下請け)以下の位置づけになる。流通過程では途中に商社が絡むこともあり、サプライチェーンは複雑だ。

――【Q5】半導体をすぐ増産しても、自動車向けの不足は解消しない?

難しい。半導体の製造は材料であるシリコンからウェハー(円形の板)を形成し、そこに回路を形成する。さらにウェハーを一つひとつのチップに切り分け、セラミックなどでパッケージングするなど、最終製品であるチップにするまでに400～600もの長く複雑な工程があり、半導体を発注してから納入までのリードタイムは一般的に半年近くにもなる。自動車業界が誇る必要な分を必要なときだけという「ジャスト・イン・タイム」への対応は難しい。

――【Q6】半導体業界での開発や生産体制は変化していないの？

半導体業界では開発・設計や製造などの工程を分担する水平分業が進んでいる。製造工場を持たずに開発と設計のみを行うファブレス企業では米エヌビディアや米クアルコム、台湾メディアテックなどがある。逆に自社ブランドの製品を持たず、製造の前工程をファブレス企業から受託するファウンドリー企業もあり、そこで成長し、株式時価総額で業界最大手となったのが台湾のTSMCだ。垂直統合型を続けるのは米インテルや韓国サムスン電子など少数派だ。

車載向け半導体大手ではルネサスエレクトロニクスや独インフィニオン・テクノロ

ジーズなどもこれまで開発・設計から製造まで自社で行う垂直統合型だった。だが近年は生産効率が自社より高いＴＳＭＣなどに製造を委託するケースが増えている。

――【Ｑ７】半導体は民生品向けが活況だったが、車載向けとの違いは？

開発サイクルが異なる。パソコンやスマホなど多くの民生機器は製品ライフサイクルが数カ月～数年と短く、半導体の性能も短いサイクルで向上する。一方、自動車はモデルチェンジが一般的に４～５年ごとで、開発期間も長い。そのため、車載向け半導体の開発サイクルも長くなる。性能でみても、スマホ向けなど最先端に対して、車載向けは２～３世代古い。

求められる信頼性も異なる。民生品向けはもともと不良品が存在する前提で検査工程が設けられている。対して、自動車の信頼性は人命に直接関わる。不良品は許されず、長期間過酷な環境で使用しても壊れないことが要求される。

――【Ｑ８】半導体メーカーは、車載向け需要が伸びれば儲かる？

そんなに単純ではない。車載向けは不良品比率を極限まで下げるため、民生品向けよりも検査や試験の基準が厳しくなる。そのため、歩留まりが悪化する。検査装置は1台数億円する場合もあるため、検査工程のコスト増も重荷となる。

また、半導体の生産には巨額の設備投資が必要で、ファウンドリーが大量生産をすることでコストダウンを進めてきた。しかし、車載向け半導体は車種ごとの細かなカスタム対応が必要になるため、規模の効果を得にくい。

車載向けは自動車の量産終了後も、ユーザーがいる限り補給部品の供給責任があり、長期間の在庫管理も必要だ。半導体の値上げも進められているが、採算面でも、民生品向けとは大きく違うビジネスだ。

（田中理瑛、高橋玲央）

時価総額はトヨタの2倍！

独走するTSMCの正体

世界的に車載向け半導体の不足が顕著になった1月下旬。台湾政府経済部の複数の高官たちは必死に電話をかけていた。「増産や生産順序の変更は本当にできないのか」。相手は半導体受託製造（ファウンドリー）でシェアの約半分を占める台湾積体電路製造（TSMC）をはじめとする台湾の半導体企業の幹部らだ。

その直前、自動車が一大産業の日本、米国、ドイツの各国政府は半導体メーカーへ増産を促すよう台湾政府に協力を求めていた。国交がない各国からの異例の要請に台湾当局内の熱気は高まっていた。王美花・経済部長（大臣）は直接TSMC幹部と会談まで行った。

「自動車産業への影響を軽減することが当社の優先事項だ」。1月28日、TSMC

は要請を受けそう声明を発表した。ただ、具体的な生産前倒しなどの予定は示されなかった。「実質ゼロ回答だよ」と台湾政府経済部の高官はため息をつく。台湾でTSMCに次ぐファウンドリー大手の聯華電子（UMC：ユナイテッド マイクロエレクトロニクス）の王石・総経理は、よりはっきりとこう語った。「車載向けを優先するのは無理だ。注文を受けた順番を崩すわけにはいかない」。

協力を求めた各国政府も半ば諦め顔だ。日本の経済産業省幹部は「今すぐには効果がなくても、手を挙げておかなくては『日本は要らないのか』となってしまう」と苦しい事情を明かす。

TSMCに各国政府から要請が殺到 —半導体受託製造を取り巻く状況—

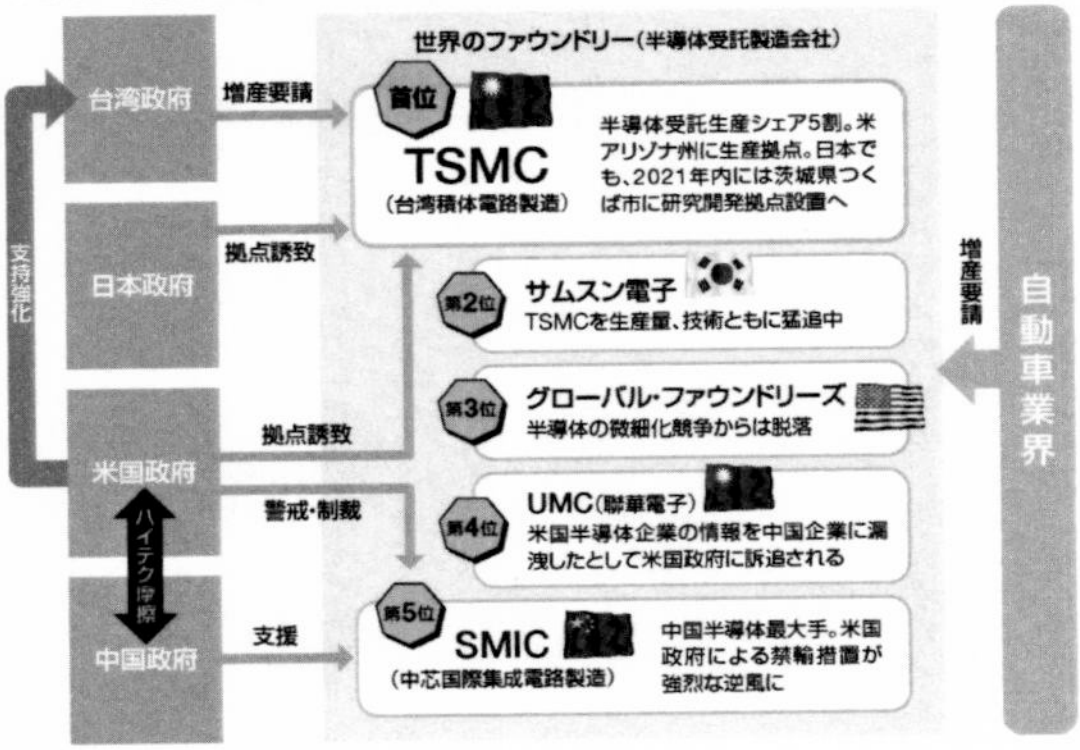
台湾政府
日本政府
米国政府
中国政府
支持強化
ハイテク摩擦
増産要請
拠点誘致
拠点誘致
警戒・制裁
支援
世界のファウンドリー（半導体受託製造会社）
首位
TSMC
（台湾積体電路製造）
半導体受託生産シェア5割。米アリゾナ州に生産拠点。日本でも、2021年内には茨城県つくば市に研究開発拠点設置へ
第2位
サムスン電子
TSMCを生産量、技術ともに猛追中
第3位
グローバル・ファウンドリーズ
半導体の微細化競争からは脱落
第4位
UMC（聯華電子）
米国半導体企業の情報を中国企業に漏洩したとして米国政府に訴追される
第5位
SMIC
（中芯国際集成電路製造）
中国半導体最大手。米国政府による禁輸措置が強烈な逆風に
増産要請
自動車業界
（出所）取材を基に東洋経済作成

自動車業界の理解不足

台湾の半導体メーカーがつれない態度を示すのは、彼らにとって車載向けビジネスに注力する動機が希薄だからだ。何より利益面で車載向けの魅力は乏しい。技術的に最先端の半導体を使用するスマートフォンやHPC（高性能コンピューティング）向けのほうが利益が出るため、低採算の車載向けを優先することは「ありえない選択」（UMC幹部）だ。

売上比率の観点でも、最大手のTSMCの用途別売上高を見るとスマートフォン向けが48％を占めるのに対し、車載向けはわずか3％。自動車業界の重要度は明らかに低い。

■ **車載向けはごくわずか**
―TSMC用途別売上高比率―

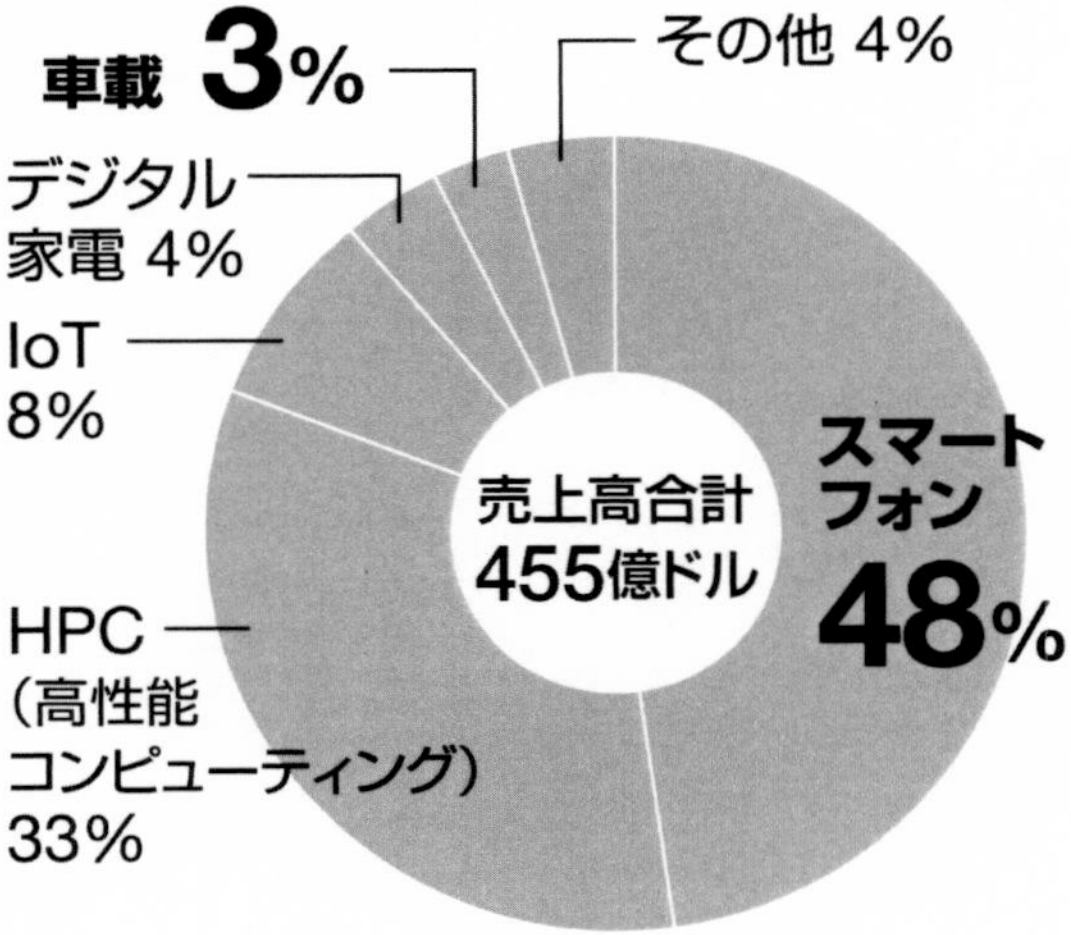

（出所）2020年度のTSMCの決算説明資料を基に東洋経済作成

そもそも、車載向けビジネスに対する半導体業界の不満は今に始まったことではない。

「自動車業界はどれだけ迷惑をかけてきたかわかっているのか」。車載向けの製造で多く使用される直径200ミリウェハーの製造ラインを多く抱える台湾系半導体メーカーの役員はそう憤る。「大量発注で製造設備を整えろと要求してきたかと思えば、注文をたびたび取り消してくる。一方的なコスト負担を強いてきて、欲しいときだけ増産しろとは虫がよすぎる」。

スマホでも年によって売れない機種が出てくるなど生産台数が想定に届かないことはある。ただTSMC関係者は「スマホ向けは、数量が想定に届かなくても、もともとの規模が大きいので投資を十分に回収できる」と売り上げ規模の違いを指摘する。売り上げ規模が小さい車載向け半導体に注力するのはリスクとすらみている。「自動車業界が半導体業界の構造を理解していれば、今のような大騒ぎにはならなかった」（前出の役員）と自業自得だとする声も聞こえてくる。

今回の車載半導体不足も、本を正せば自動車業界がコロナの影響が深刻化した

2020年の春先に自ら持っていた生産枠を手放してしまったことが原因。一度失った枠を取り戻すことは難しく、半導体の増産を待つしかない状態に追い込まれている。

揺るがぬTSMC「1強」

とはいえ、自動車は日米欧など主要国にとっては基幹産業だ。台湾の半導体業界に対する国際的な圧力は続いている。とくに米国は2月に半導体を主要テーマにして台湾当局とTSMC幹部を交えて「経済対話」を開いたほか、中国の軍事的脅威が高まる台湾への安全保障上の支持を強化して影響力を保持することに余念がない。

台湾政府も米国の動きはTSMCが狙いであることを理解している。一企業にすぎないTSMCが世界情勢の焦点となるのは、ひとえに同社が持つ技術力と製造能力の高さが理由だ。今回は自動車で注目が集まったが、すでにあらゆる領域に覇権を広げている。

半導体の性能は回路線幅の微細化に左右されるが、現在世界最先端の5ナノメートル品を安定的に量産化できているのはTSMC1社のみ。次世代の3ナノメートル品の試験生産も21年に始まる。一方で、TSMCとともに「ビッグスリー」と呼ばれ、半導体の微細化技術で開発競争をしてきた韓国サムスン電子と米インテルは競争で劣後している。サムスンは5ナノメートル品の量産体制がまだ安定せず、インテルもTSMCの5ナノメートル品と同等とされる製品の量産が23年にずれ込む見通しだ。

世界のファウンドリー業界では、米グローバル・ファウンドリーズやUMCが追随するが、先端半導体を製造できる技術レベルにはない。自国での半導体製造を目指す中国の中芯国際集成電路製造（SMIC）も、米国からの規制で製造装置の調達がままならない。先端半導体の製造はTSMCへの依存度が高い状態が定着している。

こうしたこともあり、米アップルや米エヌビディアなど自社で製造設備を持たない企業がTSMCに半導体製造を委託しようと列を成す。少しでも多く造ってもらおうと、世界の電機・半導体メーカーはTSMC詣でに余念がない。

株式市場でもTSMCの評価はうなぎ登りだ。17年に時価総額でインテルを抜き、2021年1月にはアップルなどGAFAや中国アリババ集団などに続いて、世界トップ10入りも一時果たした。3月に入ってからも時価総額は60兆円前後で推移しており、日本トップのトヨタ自動車の2倍以上ある。

一方で、台湾のみに先端半導体製造を依存する構造をリスクと捉え、製造先を分散させようとする動きが各国で相次いでいる。20年5月にTSMCは米アリゾナ州に総額120億ドル（約1兆3000億円）以上に上る新工場を建設すると発表した。これまでは技術流出を防ぐため最先端品の製造を台湾内にとどめていたが、初めて海外に最先端品の工場を設置することになった。

米国進出の背景には米中対立の激化により、中国に地理的に近い台湾に最先端半導体の製造が集中していることに危機感を持った米国の誘致活動がある。米バイデン政権は2月24日、半導体をめぐるサプライチェーン強化に向けた検証を進めるよう大統領令を発している。TSMCは米国政府から補助金、税制、水道・電気代などで優遇措置を受ける見通しだ。

一方でTSMCは中国の南京にも18年から旧世代の半導体量産工場を構えている。20年9月から米国政府の制裁によりSMICの生産活動が低迷しており、TSMC

の中国向けの売り上げも伸びる見込みだ。

日本とのつながりも強めており、21年2月には茨城県つくば市に研究開発拠点を設置すると発表。費用は200億円弱で、年間投資額が数兆円にもなるTSMCにとっては微々たる額だが、各国間での無用な対立を避けようと立ち回っている様子が見て取れる。

いち早く製造受託を開始

そもそもTSMCが大躍進できたのは、「受託製造」という画期的なビジネスモデルを創り出し、それに忠実だったためである。創業者の張忠謀（モリス・チャン）氏は米国の半導体老舗企業のテキサス・インスツルメンツで上級副社長などを務めていたが、半導体で産業振興を図る台湾政府に請われて帰国。当時はまだ垂直統合モデルが主流だった半導体業界だが、設計はできるものの巨額の生産設備に投資する余力がない半導体ベンチャーが出始めたことから、張氏は生産を委託する水平分業の流れが世界的に広がると見越して、１９８７年にいち早くＴＳＭＣを創業した。

　垂直統合モデルで自社ブランドの半導体を生産している企業と異なり、ＴＳＭＣは「顧客の競合にならない」とうたって生産を手がける黒子役に徹し続けた。こうして９０年代以降、米国の半導体企業を中心に生産工場を持たないファブレス化が進むと、順調に業績を拡大していった。

　また半導体受託製造に特化していることも顧客にとっては安心材料となった。現在の競合のサムスンはスマホなどの電子機器を手がけているため、競合の電機メーカーはサムスンへの技術流出が起きるおそれを考慮せざるをえない。その点、ＴＳＭＣは委託先として選ばれやすい立場にある。

　稼いだ利益で技術開発や設備投資の規模を拡大し続けており、巨額の開発・設備投資が必要となった現在の半導体業界では資金力がない後発組ファウンドリーがＴＳＭＣと競争することすら難しく、他社が容易に追いつけない体制を構築するに至っている。

■34年前に半導体受託製造のモデルを創始した
―TSMCの略年表―

1985年	半導体産業育成を計画する台湾政府の求めに応じ、米テキサス・インスツルメンツの上級副社長などを歴任した張忠謀（モリス・チャン）氏が台湾工業技術研究院の院長に就任
87	工業技術研究院と蘭フィリップスが出資し、張忠謀氏がTSMCを創業。同社董事長兼総裁に就任 **→半導体受託製造のビジネスモデルを創り出す**
94	台湾証券取引所に上場
97	ニューヨーク証券取引所に上場
2016	中国・南京での半導体工場建設を発表、2018年生産開始
17	TSMCの時価総額が米インテルを超える
18	張忠謀氏が退任を発表、劉徳音氏が董事長就任
19	東京大学とTSMCが先進半導体アライアンスを締結し、共同研究を推進
20	米アリゾナ州に台湾外初の最先端半導体工場を建設すると発表
21	茨城県つくば市に研究開発拠点を設置すると発表（年内を予定）

独走を止めるのはどこか

半導体の自国生産を目指す中国は米国からの干渉を受けて十分に投資が進まない状況だ。SMICは20年に60億ドルの投資を行ったが、新規の装置を買うことができず21年は大幅に減る見込み。2月には、約2兆円をかけて湖北省武漢市で進められていた別の新規プロジェクトが投資の遅れにより資金ショートを起こし、全社員の解雇に追い込まれた。

設計から製造まで一貫して手がける垂直統合モデルを貫いてきたかつての業界王者インテルも、先端技術の導入が遅れて現在は苦しい状況にある。20年7月にはデータセンター向けのGPU（画像処理半導体）について「外部製造技術を用いて21年後半に売り出す」（当時のボブ・スワンCEO〈最高経営責任者〉）と表明。自社生産から転換し、ライバルのTSMCに委託せざるをえないとみられる。

一方でインテルは21年2月には同社の元CTO（最高技術責任者）のパット・ゲルシンガー氏がCEOに就任した。長くインテルの技術畑に属し、半導体の進化が加速度的に進む「ムーアの法則」を間近に見てきたゲルシンガー氏に対する期待が高まっている。

就任に先立つ1月21日には「23年に投入する次世代CPU（中央演算処理装置）は、大半を自社生産することになる」と宣言。遅れていた先端ラインの技術的な課題は解決したとし、一時的にTSMCに生産を頼ることになっても自社生産を諦めはしないと強調した。

メモリー半導体で圧倒的な地位を築いているサムスンも、足元ではインテルと同様に最先端ラインの歩留まりが低迷していると噂される。だが、メモリー事業から得られる膨大な資金を元手に巨額投資に突き進む。メモリーは汎用品であるために数量が多く、売り上げ規模や投資金額が大きくなるほどメリットも出やすいからだ。21年には同業他社の買収に踏み出す意欲も見せている。

さらに、サムスンが強化しようとしているのがTSMCと同じファウンドリービジネスだ。スマホ用の半導体で最大手の米クアルコムからの次世代モデル生産委託について、TSMCと競って勝ち取ったと報じられている。

■ **投資意欲は旺盛**
—主な半導体メーカーの2020年の設備投資実績—

企業名	投資額（億ドル）	動向
インテル（米）	140	7ナノラインの開発遅延に伴い、TSMCへの委託も検討するが、新CEOの方針次第で再び自社生産も
サムスン電子（韓）	290	韓国・平沢工場でのDRAM、中国・西安工場でのNANDのほか、米工場でも増強。2021年は300億ドル超か
TSMC（台）	180	量産中の5ナノラインの増強に加え、3ナノライン立ち上げのために21年も250億〜280億ドルの投資を計画
SKハイニックス（韓）	90	インテルのNAND事業を買収し、攻勢に出るが、21年は投資抑制の見通し
マイクロン・テクノロジー（米）	80	DRAM、NANDともに先端品量産投資を継続。21年8月期は90億ドルを予定
キオクシア・ウエスタンデジタル（日・米）	60	岩手・北上市に1兆円を投じ新工場を立ち上げるほか、四日市工場でも新棟建設決定
SMIC（中）	60	米中貿易摩擦の影響により21年は大幅に投資抑制の見通し

（出所）各社決算資料や取材を基に東洋経済作成

半導体はもはや単なる一部品ではない。あらゆる産業に入り込む戦略製品であり、安全保障にも影響を及ぼしている。強くなりすぎた新王者をめぐる駆け引きは激しさを増している。

（劉　彦甫、高橋玲央）

3度の巨額買収で急変化

ルネサス「車依存」から脱皮

日本の自動車産業を支えてきた半導体大手、ルネサスエレクトロニクスが変わりつつある。車載向けに依存していた構造から、IoTやインフラ向けへもビジネスを拡大。自動車業界の下請けからの脱却を果たし、自立的な経営へと足を踏み出した。

「オートモーティブ（車載）は依然としていちばん大きい。ここにコミットしていくことはもちろんだが、よりバランスの取れたポートフォリオにしたい」。ルネサスの柴田英利社長は2月8日、英アナログ半導体メーカー、ダイアログ・セミコンダクターの買収合意を発表する会見でそう意義を語った。

2017年の米インターシル、19年の米IDTに続く3度目の巨額買収だ。2021年末までの買収完了を目指す。買収額は約6100億円で、資金は銀行借り入れのほか、新株発行や手持ち資金で賄う。3社の累計買収額は1・6兆円に上り、のれんは現在の6000億円弱からさらに膨らむ。買収完了後は総資産のおよそ半分がのれんになる見通しだ。

車載向け比率が半分切る

一連の巨額買収は、車載依存からの脱却に帰結する。買収した各社はデータセンターなどインフラ向けが強く、メインは車載向け以外だ。このため、20年12月期はこれまで売り上げの過半を占めていた車載向けが半数を割った。ダイアログの買収が成立すれば、車載向け比率は4割程度に下がる。

利益率上昇の観点から、こうしたことはポジティブだ。というのも、車載向けはその他の販売先に比べて利益率が低く、「儲からない」事業だからだ。5Gなどの広がりで、データセンターやIoT機器は足元で強い伸びを示している。結果、20年12月期にルネサスの業績は急回復、21年12月期はさらに利益を積み増せそうだ。

車載依存からの脱却は、自動車サプライチェーン（供給網）内での地位向上にもつながる。それは2月に踏み切った半導体の値上げにも表れている。品不足が背景にあるとはいえ、販売先の多様化によりルネサスが価格交渉力をつけてきたことを物語っている。

しかしながら、車載半導体業界でルネサスは依然3位だ。「走る」「曲がる」「止まる」を制御するマイコンでは首位であり、相対的に利益率の低い車載向けの底上げも欠かせない。

そのため、主力工場である那珂工場（茨城県）の強化も急ぐ。この1～3月期にはパワー半導体の一種、ＩＧＢＴ（絶縁ゲート型バイポーラトランジスタ）を大型の直径３００ミリウェハーで製造できるラインへの投資を開始した。ここ数年抑えてきた投資や研究開発も２１年には増額する予定だ。

一方で、ＴＳＭＣへの生産委託は今後も続く見込みだ。今回の半導体不足を受け、一部製品を自社生産に戻しているが、新しい製品は自社工場では量産設備を持たず、ファウンドリーに任せている。中長期的に委託比率は上昇していく。自動車メーカーからファウンドリー委託比率の低下を求められても応じる可能性は低い。

アナログ半導体を強化

さらにルネサスが今後、自動車領域において成長領域と位置づけるのが、買収で強化するアナログ半導体だ。

アナログ半導体は、自動車に複数搭載されるセンサーから入った情報を信号に変換し、頭脳であるプロセッサーに伝える。プロセッサーの指令を受けて判断するのがルネサスの中核であるマイコンで、そのマイコンからの情報を再びアナログ半導体が変換して各動作につなげる。自動運転などでセンサーの搭載量が今後大幅に増え、つれてアナログ半導体の重要度も増していく。

ルネサスは17年にアナログ半導体大手のインターシルを買収しており、今回のダイアログ買収で一段と強化する。英調査会社オムディアによると、18年に11億ドルだったルネサスのアナログ半導体の売上高は20年に20・7億ドルと倍増、さらに今回買収するダイアログの売上高10億ドル程度を単純合算すれば、18年比で3倍の規模に膨れ上がり、世界3位のアナログ半導体大手に躍り出る。

■業界3位のルネサス
―車載半導体のトップ15企業―

順位	企業名		2020年の売上高（億米ドル）
1	**インフィニオン・テクノロジーズ**		**47.09**
2	**NXPセミコンダクターズ**		**38.25**
3	**ルネサスエレクトロニクス**		**31.72**
4	**STマイクロエレクトロニクス**		**26.13**
5	**テキサス・インスツルメンツ**		**26.07**
6	ボッシュ		20.70
7	オン・セミコンダクター		16.49
8	マイクロンテクノロジー		14.70
9	マイクロチップ・テクノロジー		10.11
10	ローム		9.87
11	アーム・ホールディングス		8.67
12	東芝		8.62
13	アナログ・デバイセズ		7.87
14	クアルコム		6.52
15	ネクスペリア		6.29

（出所）調査会社オムディアの資料を基に東洋経済作成

アナログ半導体強化で打ち出したのが「ウィニング・コンビネーション」と呼ぶ、従来の強みであるマイコンと、アナログ半導体を合わせたソリューション販売だ。

例えば電気自動車（ＥＶ）のバッテリー制御用に、インターシル由来のアナログ半導体とルネサス由来のマイコンを組み合わせたシステムを開発。さらにそれを動かすソフトウェアもセットにして売り込んでいる。従来は自動車メーカーや部品メーカーが自社で開発していた分を、ルネサスが代わりに担当することで、顧客にとっては開発期間が最大で半減できる。

中国などの新興自動車メーカーでは、こうしたシステムを自社で開発することを負担に感じる顧客も多い。「新興メーカーからは限られた開発リソースを車内設備など差異化したいところに集中投下できると評判はいい」と、このシステムを扱うルネサス代理店関係者は語る。ルネサスは同様の事例をすでに２００ほど発表。車載向けだけでなく、人工呼吸器の制御基板など幅広い分野でアピールする。

人材面でも変化を急ぐ。日立製作所と三菱電機、ＮＥＣの半導体部門が集まり、１０年に今の姿となったルネサスは、意思決定の透明性や迅速さに課題を抱えていた。さらにリストラを続けた結果、競争力の源であるＲ＆Ｄ人員も減少していった。それを柴田社長は相次ぐ買収によって「より積極的な登用で国際的な企業にしていきたい」と語る。すでに給与の一部を新株予約権で受け取れる制度を導入するなど、待遇の「外資化」も進めて世界へ挑もうとしている。

ルネサスの業績は回復局面にある。20年12月期は上半期のコロナ禍による停滞の影響で売上高こそ前期比で微減だったものの、高利益率の製品が増えたことが功を奏して、買収費用などを除いた本業ベースの営業利益率が6・3%ポイント上昇という大幅な採算性向上を果たした。

ただ巨額買収で財務リスクは膨らんでおり、柴田社長は「まずは株主に安心してもらえるパフォーマンスを届けることが責務だ」と語る。

買われる側になる可能性

自動車業界の下請けから脱し、独り立ちを果たしつつあるルネサス。だが、21年1月にメモリー半導体の王者、韓国サムスン電子がルネサスを買収先の候補にしていると韓国紙が報道し、業界に衝撃を与えた。現在ルネサスの筆頭株主は32・1%を保有する官民ファンドのＩＮＣＪ。活動期間が２５年３月までとなっており、それまでにルネサス株を手放す予定だ。

実際、今の半導体業界では巨額Ｍ＆Ａが頻発している。２０年には米ＡＭＤが米ザイリンクスを約３５０億ドルで、米エヌビディアがソフトバンクグループから英アームを約４００億ドルで買収すると相次いで発表した。技術革新のスピードが速く、投資や開発競争で覇権争いが激化している。

国内半導体では、スマホ向け画像センサーで圧倒的なシェアを誇るソニーは、米中摩擦に伴う中国ファーウェイへの制裁の影響で２１年３月期の半導体事業の営業利益が半減する。そのため、いったんは増額した投資規模の縮小を余儀なくされている。

東芝のメモリー部門が分離したキオクシアも、厳しい投資合戦にさらされている。１兆円をかけ建設中の岩手工場に続き、本拠地の四日市工場でも新棟建設を決定した。一方でメモリー価格低下から２０年９〜１２月期は営業赤字に追い込まれるなど苦しい展開が続く。

ルネサスはじめ日の丸半導体は、今まさに勝負の時を迎えている。

（高橋玲央）

2023年には供給不足に？

シリコンウェハー増産に壁

半導体だけでなく、材料も限られたパイの奪い合いだ。

その1つがシリコンウェハー。ほぼすべての半導体の基板となる製品だ。市場規模は約120億ドルと、半導体市場（約4700億ドル）に比べると小さいが、スマートフォンに使われる最先端のチップから、トランジスタなど基本的なものまで、あらゆる半導体はシリコンウェハーがなければ作ることができない。

半導体市場の拡大に伴い、ウェハーの消費量も増えている。専業メーカーで世界シェア2位のSUMCOの推計によると、主に先端品向けに使われる直径300ミリメートルウェハーは、市場全体で毎年5・1%ずつ出荷が増える見込みだ。

こうした中、旺盛な半導体需要にウェハーの供給が追いつかなくなるとの懸念が浮上している。各社は現在、既存設備の増強や生産性改善で生産量を増やしているが、2023年にはウェハー不足が露呈するという見方が少なくない。需要を満たせる供給量を確保するには新工場の設置が欠かせないが、工場建設から生産開始までは数年かかり、量産に間に合わせるための投資決定のタイムリミットは近づいている。

「1・5倍に値上げが必要」

しかし、メーカー各社は新工場の投資に慎重だ。シェアトップの信越化学工業は1月の決算説明会で、「期待先行の投資はしないというのが基本的考え」（轟正彦専務）との説明を繰り返した。

増産に二の足を踏む理由は2つある。1つは、市況によって価格が変わりやすい点だ。各社には、かつて増産競争に明け暮れた末に大幅な値崩れを経験した苦い記憶がある。2008年のリーマンショック直後に半導体需要が減少し、ウェハー価格は一時3分の1以下に落ちた。その結果、SUMCOは10年1月期に865億円もの巨額の営業赤字を計上した。

■ シリコンウェハーは損益の変動幅が大きい
―SUMCOの売上高、営業利益推移―

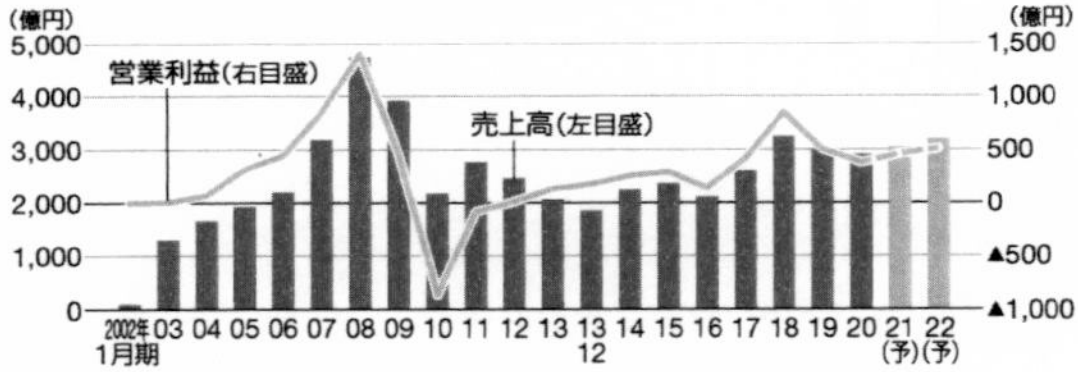

(注)▲はマイナス
(出所)SUMCOの決算資料。2021年、22年の業績は『会社四季報』の独自予想

一方で新規参入も少ない。半導体用のウェハーは純度が99・999999999％（イレブンナイン）以上、表面の平坦度も極めて高いレベルが求められる。顧客とのすり合わせも必要で参入障壁は高い。現在は日系メーカーの信越化学とSUMCOで世界シェアの約6割を占有。さらに3位の台湾・環球晶圓（グローバルウェーハズ）が4位の独シルトロニックを買収するなど、上位企業による寡占化が一段と進んでいる。

足元では寡占化と供給懸念が相まって、ウェハー価格は上昇の動きを見せている。ただ、新工場建設には立ち上げ費用が莫大にかかるため、SUMCOの橋本眞幸会長は「今の価格では新規投資の経済合理性がない。1・5倍の販売価格が必要だ」と指摘する。

半導体に占めるウェハーの価格はさほど高くないが、ウェハー以外の材料でも寡占となっており、供給逼迫が起こる可能性はある。そうなれば半導体価格の高騰の遠因になりかねない。

（高橋玲央）

米国の強硬策はオウンゴールに

中国「半導体強国」へ猛進

日本国際問題研究所 客員研究員・津上俊哉

米バイデン政権はトランプ前政権のハイテク冷戦政策を大筋で踏襲するとの見方が強いが、あの政策は大きな弊害を生んだ。

「中国ファーウェイ（華為技術）に物を売るな、買うな」のボイコット政策は、「5G（第5世代通信網）整備がすぐ始まるのに、同盟国が同調してくれない」焦りがあったのだろうが、あまりになりふり構わずだった。

それで同社を仕留められたわけでもなく、逆に「外敵に徹底抗戦」という近代中国のDNAを改めて呼び覚ましてしまった。

西側でこの政策のとばっちりを受ける産業は半導体・部品産業に限らない。昨今の車載半導体不足は殺到する注文に台湾のＴＳＭＣが対応しきれないのが原因だというが、米国の制裁でＳＭＩＣなど中国ファウンドリーに発注しづらくなったことも一因だろう。半導体需給全体を攪乱したのだ。

中国を猛然たる「半導体国産化」政策に向かわせたことがいちばん罪深い。２１年から始まる中国の新しい5カ年計画は、今後の内需拡大のカギとして、技術革新や科学技術に「5段抜き大見出し」のような重点を置いている。トランプ政権のチップ禁輸策で痛撃されたサプライチェーンの脆弱性克服にもたいへんな力を入れる。「半導体国産化は、１９６０年代に毛沢東が必死に進めた原爆開発を彷彿とさせる力の入れ方だ」という評を聞いた。

情報セキュリティーに関する米国の懸念は共有するが、オウンゴールを招く政策ではダメだ。今後この政策で育成された安価で高性能な中国製品が手始めにローエンド半導体市場を席巻し始め、西側先端半導体はしだいにハイエンド市場の上澄みに追い詰められていきそうで心配だ。

ファーウェイは半導体禁輸で大打撃を受けた。遠からずハイエンドスマホの生産も止まるだろう。しかし、中国は「クラウド携帯」を発達させるかもしれない。最先端チップでないとこなせない重い演算はミリ波5Gネットでサーバーに飛ばして、端末は入出力機能に特化してしまうのだ。その動きが本格化すれば、ハイエンドスマホの値段は2万円を切るだろう。米アップルや韓国サムスン電子はその値段で生き残れるか？　中国の適応力を侮ってはいけない。

この科学技術重視戦略は、一方で壮大な金の無駄遣いになる。その壮大な無駄を歯牙にもかけないほど強大な経済力を振るって各種資源を動員できるのが今の中国政府だが、それは中国自身のためにもならない。つまり、中国をさらなる国産化路線に向かわせても、誰の得にもならない。米国は早めに政策転換するべきだ。

米国でも政権交代後は物を言いづらい雰囲気が変わりつつある。全米商工会議所は最近、デカップリング政策の行き過ぎがもたらす弊害に警鐘を鳴らすリポートを出した。

経済界と関わりが深いコンサルタントやシンクタンクは、ワシントンDCでも以下のような発言をし始めている。

①中国はフィンテック、先進通信技術、半導体、量子コンピューティングなどに資金や人材を大量投入しており、今やその技術レベルも、その向上努力も侮れない。
②米国政府はハイテク問題で中国との競争に正面から向き合って、(a)軽視してきたR&D(研究開発)政策の再建(含む予算増)、(b)同盟国との協議・協調、(c)米国の基礎研究成果の保護(前政権のやり方は中国人研究者の排斥など、あまりに稚拙)、(d)半導体、5G、AIなど先端領域における日欧との共同R&D体制構築などに努力すべきだ。
③米国ビジネス界や同盟国からトランプ時代の強硬政策に対する不満や不安が寄せられている。中国に対する懸念は共有するが、中国市場を捨てるわけにはいかない。
④西側企業の利益を損なわないために、米国は特定の中国企業との取引を禁止するエンティティーリスト規制を弾力化し、例えば線幅5ナノメートルの描画が可能な最先端の半導体製造装置は規制しても、12ナノメートル以下の装置は規制対象から除外する措置を検討するべきだ。

議会では依然として超党派の対中強硬派が優勢なので、このような声が出てきても、米国がすぐ強硬策を転換するわけではなかろう。

しかし、エンティティーリストの例外許可の弾力運用などはバイデン政権の裁量でやれるのではないか。その点に希望を託しつつ、1つ提案をしたい。

有志国での規制へ協議を

米国産技術の再輸出を許可制にして第三国同士の取引を米国が規制する「域外適用」は、弊害が大きい。違反すれば何億ドルもの罰金、果ては役職員が米国で逮捕されるおそれもあるとなれば、ビジネスはひどく萎縮するし、日米関係にとってもよくない。

日本政府は、規制すべき品目は何かを欧州諸国など有志国間でよく協議して、「規制すべきものは日本の手できちんと規制する」と言うべきである。

他方、企業の利益を著しく害してまで取引を禁止する必要性が疑わしい品目は、適用除外を申し入れるとともに、企業のために相談窓口を設けるべきである。

以上を要するに、対中ハイテク規制のあり方については、同盟国間でハーモナイズするべきである。バイデン政権が自ら「同盟国との調整」と言っているのだから。

そうしていけば、トランプ前政権が始めた異形のハイテク規制もCOCOM（対共産圏輸出統制委員会）やワッセナー合意など過去の国際的な枠組みに接近する。トランプ時代が終わったのだから、ここでも「バック・トゥ・ノーマル」の努力をすべきだ。

2020年、中国は米国のコロナ禍対応の無策ぶりや大統領選挙であからさまになった国内の分断を目の当たりにして、米国の衰退を確信し、「対米持久戦を展開すれば、時間は中国に味方する」と信じた。あいにくその楽観は、中国もやがてつまずく可能性を失念している。

今の中国のあり方にわれわれが強い違和感を覚えるのは、外国に対する根深い不信や「中華民族の偉大な復興」の考え方に凝り固まった今の中国共産党指導部が、よその国では考えられないほどの富と力を支配し、それをほしいままに動員するからだ。

しかし、その力を振り回すことが今後の中国の蹉跌（さてつ）を呼び寄せる。今の「やりすぎ」は必ず転機を迎えるだろう。

この持久戦は3年や5年では片がつかない。西側は己が抱える問題に取り組みながら、中国にも転機が来るのを待つ忍耐強さが必要だ。トランプ時代のようにむちゃな政策に走るようでは自滅する。

津上俊哉（つがみ・としや）

1980年東京大学法学部卒業、通商産業省（現経済産業省）入省。北東アジア課長などを歴任。通商交渉、産業政策に詳しい。主な著書に『巨龍の苦闘』など。

INTERVIEW　異色の半導体企業のトップに聞く

「中国で日本の半導体技術を発揮する」

ブイ・テクノロジー 社長・杉本重人

フラットパネルディスプレー（ＦＰＤ）用製造装置のメーカーであるブイ・テクノロジー。同社の特徴は、売上高の実に9割が中国向けという点にある。２０１８年には、半導体製造装置にも事業領域を広げた。その狙いを杉本重人社長に聞いた。

――ディスプレーの装置メーカーが、半導体へと事業を拡大させたのはなぜですか。

１９９７年の創業時から、いつかは半導体をやりたいと思ってきた。半導体はＦＰＤに比べて市場が大きく、今後も拡大する可能性があるからだ。

ただ、半導体製造装置の製造には高い技術が必要だ。そこでまずは（技術的なハードルが半導体より低い）ＦＰＤから事業をスタートした。それから予想以上にディスプレー市場が伸長していき、会社の規模も拡大していった。

それが１０年代に入ると、顧客である日本の液晶パネルメーカーの元気がなくなり、数が減少していった。技術の中心が台湾、韓国、中国へと移っていく中、当社もどうやって生きていくかずいぶん悩んだ。その際に懐深く受け入れてくれたのが中国だ。政府を含めた現地とのつながりも強くなっていった。

すると、国内需要が細って困っていた日本の半導体製造装置関連企業から「うちの技術を生かして、あなたと一緒に中国で事業展開できないか」と相談されるようになった。そこで半導体ビジネスをやるしかない、と。１８年には中国・浙江省に現地企業との合弁会社「Ｚ－ＣＳＥＴ」を設立し、メモリー検査装置とウェハー研磨装置の製造を始めた。

――半導体事業の足元の状況は。

２１年３月には中国大手メーカーからメモリー検査装置の受注を獲得し、順調に進んでいる。１９年と２１年に買収をしたこともあり、事業規模は拡大している。

強みは現地での知名度

——今や売上高の9割が中国向けです。中国でのビジネスにリスクを感じることはありませんか。

あまり心配していない。当社が製造しているのは、中国への輸出制限の対象となるような最先端の装置ではない。米中の貿易摩擦も中期的にはどこかで折り合いをつける必要があるため、いずれ落ち着いていくだろう。

当社の強みは、中国企業だけでなく、長年の活動で培った知名度と人的ネットワークにある。現地に優秀な人材が多数いて、企業のニーズに応じた多様な装置を新たに造ることもできる。成功事例ができれば、地元のほかの半導体関連企業からも声がかかるようになる。こうした連携を拡大していくことで、着実に研究開発力が高まっている。

――今後の展望は。

中国国内に研究開発拠点を持ちたい。日本で苦労している企業の技術力と当社の対応力を掛け合わせ、中国での成功事例を増やしていく。こうして、日本の半導体関連企業を復活させたい。

（聞き手・大竹麗子、高橋玲央）

杉本重人（すぎもと・しげと）

1958年生まれ。防衛大学理工学専攻卒業後、81年測機舎（現トプコン）入社。97年ブイ・テクノロジーを創業。

「増産余地が乏しく2022年まで需給は逼迫」

オムディア　コンサルティングディレクター・杉山和弘

なぜ今、半導体が足りないのか。不足はいつまで続くのか。市場予測なども手がける英調査会社オムディアの杉山和弘コンサルティングディレクターに背景や今後の需給を聞いた。

――車載半導体が不足するに至った背景をどう分析していますか。

新型コロナの影響で20年春に自動車業界が軒並み生産計画を引き下げたのを受け、車載半導体メーカーがTSMCなどファウンドリーに委託している生産枠を絞った。そこで余った枠は、需要が強いPCや通信インフラ向けに回された。ところが、秋以降に想定以上の勢いで自動車の生産が回復したことで、車載半導体の大きな需給ギャップが生じたようだ。

――半導体不足はいつ頃まで続くとみていますか。

短期では収まらず、2022年くらいまで慢性的な不足が生じるとみている。車載向けで今足りないのはマイコンやセンサーだが、今後はパワー半導体も不足してくる可能性がある。

そもそも、半導体市場が予想以上に拡大している。19年時点では、23年までの半導体市場の年平均成長率は1％程度だと予測していた。しかし、コロナ禍でのテレワークや巣ごもりによって、PCやタブレットに加え、テレビ、ゲーム機向けなどの需要も増えている。さらに通信インフラ向けの需要も旺盛で、平均市場成長率は6％まで跳ね上がる見通しだ。

――増産は進まないのでしょうか。

半導体メーカーの増産余地が限られており、需要の増大に追いついていないのが現状だ。半導体メーカーは18年にメモリーバブル後の市場縮小に直面し、翌年まで生産能力の増強投資を抑制した。しかし、20年は予想以上に需要が拡大したため、今回の全体的な半導体不足につながった。

調達先を分散すべし

――今後、半導体業界と自動車業界との関係はどうなりますか。

半導体業界にとっても車載は、安定していて長期的にも伸びるよい市場だ。ただ、TSMCの車載向け売り上げが3%しかないように、ほかの市場向けに比べると規模はそれほど大きくない。そこに対して投資してくれと自動車業界がお願いしても難しい面はある。

では、どうすればいいのか。自動車業界はBCP（事業継続計画）の観点から調達先を分散させていく必要がある。今回の不足は、1つの調達先に頼ったことで問題が大きくなった側面もある。

――具体的には?

例えば、中国で生産する自動車に使う半導体ならアジアの、欧州生産車用なら欧州の半導体メーカーのものをといった具合に、地域ごとに調達先を分けていれば、これほどの事態は防げた可能性が高い。

実際、そうした地産地消的な調達を以前から行ってきたトヨタ自動車では、半導体不足の影響が比較的小さくて済んでいる。今回の問題を経て、ほかの自動車メーカーも調達先分散の必要性を痛感しているようだ。

(聞き手・高橋玲央)

杉山和弘(すぎやま・かずひろ)

2000年NEC入社。10年にルネサスエレクトロニクスに転籍し、LSI(集積回路)の設計などに従事。16年IHS Markitのアナリストに。20年1月から現職。

爆騰する半導体関連銘柄

半導体関連の企業価値が高まっている。米国で上場する主な半導体関連株30銘柄で構成されるフィラデルフィア半導体株指数（SOX）は2月に史上最高値を更新。この1年間で約1・8倍に急上昇している。米ダウ工業株30種平均指数や日経平均株価の伸び率を大きく上回り、市場では半導体関連銘柄がまさに注目の的だ。

高速通信規格「5G」対応や新型コロナ禍における巣ごもり需要拡大などを追い風に、半導体関連企業は世界的に業績が絶好調だ。製造装置など川上の関連産業が強い日本企業も好業績を享受しており、株価がうなぎ登りだ。

例えば、製造装置大手の東京エレクトロンの株価はこの1年で約2倍の4・4万円に。ディスコは1・6倍、車載半導体に強いルネサスは約2倍と高騰しており、いずれも同期間の日経平均の上昇率である1・4倍を凌駕する。

「21年も22年も、過去最高の売り上げを更新する『ビッグイヤーズ』になる」。東京エレクトロンの河合利樹社長は1月の決算発表で興奮ぎみにそう語った。

台湾TSMCなどの旺盛な設備投資を追い風に、2021年3月期の業績見通しは今期2度目となる上方修正。売上高は前期比21％増の1兆3600億円と過去最高になる見通しで、10年前から倍増する。22年3月期も業績を伸ばすのは確実で、株価は1月下旬に上場来高値を更新した。

最先端投資が追い風に

東京エレクトロンと同じく、「前工程」と呼ばれる、基板に電子回路を形成する工程で使われる装置を造るSCREENホールディングス（HD）やレーザーテックも相次いで業績予想を上方修正するなど好調だ。レーザーテックは最先端のEUV（極端紫外線）露光に使われるマスク検査装置で、SCREENHDも枚葉式洗浄装置で高いシェアを持つ。半導体メーカーの設備投資は最先端工程に偏っており、先端技術に強みのある企業には追い風になっている。

一方、ディスコやアドバンテスト、東京精密は「後工程」と呼ばれる、半導体チップの組み立て工程で使われる装置を造っている。この工程の業績はOSATと呼ばれる後工程受託会社の投資に左右される。OSAT市場はTSMCのような巨大企業がなく、多数の企業がしのぎを削り、競争は厳しい。

それゆえに浮き沈みも激しいが、販売好調な米アップル「iPhone」や、米中貿易摩擦で疲弊する中国ファーウェイに代わり、ほかのスマートフォンメーカーの投資が拡大しており、後工程装置メーカーにも恩恵をもたらしている。

車載半導体の不足に注目が集まるが、産業機器向けや家電向けを含めてあらゆる半導体が不足している。その影響で恩恵を強く享受しているのが国内半導体大手のルネサスエレクトロニクス。過去の過剰在庫整理の影響や巨額買収に伴う費用によって業績が大きく後退した19年12月期とは打って変わり、20年12月期は前期比10倍の651億円の営業利益を稼ぎ出した。

相次ぐ巨額買収により、アナログ半導体を強化し、製品構成が変化したことが効いた。1月にはさらなる買収を発表し、攻勢を続ける。この買収の完了後に1兆円近くに膨れ上がるのれんが懸念材料だが、21年12月期もアナログ半導体を中心に好調が続き、業績を伸ばす見通しだ。

ルネサス同様にアナログ・パワー半導体に強いロームも、業績は上向きだ。新型コロナ禍により20年春には一部の工場が停止に追い込まれたが、20年秋ごろから需要も急回復。結局、21年3月期は増益を確保できそうだ。

■コロナ禍でも好決算 ―国内の注目企業―

証券コード	社名	売上高※（百万円）	前期からの増加率	営業利益※（百万円）	前期からの増加率
6146	**ディスコ** ウェハー切断・研削・研磨装置で世界首位	171,300 （2021年3月期）	21%	47,400 （21年3月期）	30%
6723	**ルネサスエレクトロニクス** 車載用マイコン世界首位。アナログ半導体も強化	820,000 （21年12月期）	15%	100,000 （21年12月期）	54%
6857	**アドバンテスト** 半導体検査装置で世界首位級	305,000 （21年3月期）	11%	67,000 （21年3月期）	14%
6920	**レーザーテック** EUV露光に使用するマスク検査装置	62,000 （21年6月期）	46%	20,000 （21年6月期）	33%
6963	**ローム** 車載用システムLSIなど。SiCなど新素材も	360,000 （21年3月期）	▲1%	33,000 （21年3月期）	12%
7729	**東京精密** ウェハー切断と解析装置。自動車産業向け産業機器も	92,000 （21年3月期）	5%	13,200 （21年3月期）	7%
7735	**SCREENホールディングス** ウェハー洗浄装置は世界首位	314,000 （21年3月期）	▲3%	21,000 （21年3月期）	67%
8035	**東京エレクトロン** 半導体製造装置で世界3位	1,360,000 （21年3月期）	21%	306,000 （21年3月期）	29%

（注）※は『会社四季報』2021年春号の予測。▲はマイナス

海外企業を見てみよう。ビッグスリーと呼ばれる米インテル、韓国サムスン電子（半導体部門）、台湾TSMCは20年12月期にそろって増収増益を達成した。インテルは、最先端工程の立ち上げに手間取り、ライバルの米AMDにシェアを侵食されているものの、サーバー向けなどでの圧倒的なシェアは健在。市場全体が拡大局面にある中で、業績を伸ばした。メモリーで首位に立つサムスンも、19年に冷え込んだ市況が改善し好転した。ファウンドリー（受託生産会社）最大手のTSMCも最先端工程で他を寄せ付けず、4割近くという高い純利益率をたたき出した。

TSMCと同様の高い純利益率を達成しているのがアナログ半導体首位の米テキサス・インスツルメンツだ。かつてはメモリーなども手がけたが、00年代以降に事業売却を繰り返し、アナログへの特化を進めた。米国、欧州、アジアそれぞれに製造拠点を持ち、75%の製品を複数の拠点で製造可能にしている。幅広い製品を安定的に供給できる体制を築き上げている。

半導体製造装置ではオランダASMLに注目だ。EUV露光装置を造ることができる唯一の企業で、この装置がドル箱となって大きく業績を伸ばしている。20年にはこの装置の出荷が１００台を突破。今後の見通しも明るい。
米中貿易摩擦が半導体市況を狂わせることも懸念されたが、業界団体ＷＳＴＳによると、２０年の世界市場は前年比５％成長を達成した見通し。２１年も拡大を続けると予想する声が多い。

（高橋玲央）

半導体が握るクルマの未来

「社会課題の解決に向けた発明がタイムリーに生み出せる環境を目指していく」

2月23日、冬晴れの富士山を望む静岡県裾野市でトヨタ自動車は実験都市「ウーブン・シティ」の建設を始めた。地鎮祭に出席した豊田章男社長は、巨大プロジェクトへの思いを熱く語った。

建設場所は20年末に半世紀に及ぶ歴史に幕を下ろした東富士工場の跡地で、東京ドーム約15個分に当たる約70万平方メートルもの広大な敷地に最先端の街がつくられる。住民が実際に暮らし、「CASE（コネクテッド、自動運転、シェアリング、電動化）」と呼ばれる次世代の自動車技術のほか、ロボットや人工知能（AI）など、社会が必要とするあらゆる先端技術の実証を行う。集めたデータを活用して、最適なサービスを提供するスマートシティーを目指す。

第1期工事の完了は2025年ごろを予定。最初は高齢者や子育て世代の家族、発明家を中心に約360人が住み、将来は2000人以上の住民が暮らす街にする。

CASEの進展で車は今後「個人の所有物」「移動手段」にとどまらない社会的な存在になっていく。この実験都市は自動車の未来を先取りし、将来必要とされる技術やサービスをいち早く見つける試みで、「自動車会社からモビリティカンパニーへの変革」を目指すトヨタの基幹事業となる。

豊田社長は「今動かないと、10年先の未来には大きな差がついてしまう」と語る。トヨタを街の建設に駆り立てるほど、CASEがクルマづくりに与える衝撃は大きい。

CASEの中でも、世界の自動車メーカーが目下、対応に追われているのが電動化だ。欧州を筆頭に燃費規制が強化され、自動車の電動化を義務づける動きが各国で急速に広がっている。日本でも20年末、35年までに乗用車の新車販売における電動化率を100%にし、純粋なガソリン車の販売をなくす国家目標が設定された。

電動化の主役とされる電気自動車(EV)ではエンジンがなくなる。電池やモーター、パワーコントロールユニット（ＰＣＵ）が中核部品となり、各社は競争力の高い部品の安定確保にしのぎを削る。ＰＣＵはモーターを駆動するインバーターなどで構成され、電力変換や電力制御を行うパワー半導体が欠かせない。その性能が電動車の「電費」を大きく左右するだけに、トヨタはグループ内での内製にこだわり続ける。

半導体の搭載量は10倍に

今後は自動運転の高度化も進む。ここでも半導体が担う役割は大きい。自動運転車は従来ドライバーが担っていた「認知」「判断」「制御」の3領域をシステムが行うため、まさに半導体の塊になる。自動運転レベル4～5が30年ごろに実現すると、自動車1台当たりの半導体搭載量は現在の10倍近くになると想定されている。

「認知」では、ほかの車両や歩行者など周囲の環境を常時把握する必要があり、カメラやミリ波レーダーなどのセンサーの搭載量が格段に増える。「判断」では、センサーからの大量の情報を処理し、障害物をどう避けるかなどの判断を行う半導体も必須だ。

この領域では、複数の演算処理を同時に行う「並列処理」が得意な米エヌビディアのGPU（画像処理半導体）が存在感を高めている。

当然ながらこうした半導体だけでは自動運転は実現せず、そのうえで動くソフトウェアが必要になる。さまざまな外部環境の変化に対する高度な判断にはAIの構築も欠かせない。この領域はGAFAに代表されるIT企業が得意だ。

米グーグル系の自動運転開発会社である「ウェイモ」は、すでに米国25都市の公道で2000万マイル（約3200万キロメートル）以上に及ぶ自動走行を実施。20年10月には、アリゾナ州で無人の自動運転車を使ったタクシー配車サービスを一般向けに開始した。

グーグルが検索エンジンと同様に自動運転でも高い競争力を誇るプラットフォーマーになれば、自動車業界にとって大きな脅威となる。自動車メーカーがこれまで車両の設計開発や組み立てで生み出していた付加価値が奪われかねないからだ。

「これまでとは競争の相手やルールが変わろうとしている」。強烈な危機感を抱いた豊田社長は、18年に自動運転ソフトウェアの研究開発会社を設立（組織再編に伴い、現在は「ウーブン・コア」)。グーグルなど海外のIT企業出身のエンジニアも多数働く。

この会社が開発するソフトウェアのうち、実際に車に搭載されるオンボード向けは1割にすぎない。この車載用ソフトウェアをバグのない完璧なものにするためには、ディープラーニングと呼ばれる機械学習やシミュレーションを行うための「開発ツール」が必要で、これが9割を占める。開発ツールまで内製化するのは、車載用ソフトの開発速度を引き上げるためだ。

「ソフトウェアは複雑かつ膨大な量になるため、従来とは画期的に異なる効率のよいやり方で開発していかないと、安全な車を突き詰めることができない」(ウーブン・コアの鯉渕健・取締役)

トヨタはクルマづくりで「ソフトウェア・ファースト」の考え方をベースに、ハードウェアとソフトウェアの切り離しを進める。CASE時代ではソフトの進化のスピードがハードを上回る状況が生じやすい。従来型のハードとソフトの一体開発では、商品の性能や価値向上が、進化の遅いハードの制約を受けることになってしまう。

スマートフォンでは、新しいハード技術採用のタイミングで大きなモデルチェンジが行われ、OS(基本ソフト)やアプリ更新で随時機能拡張を行う。これと同様のことを車でも実現したいとトヨタは考えたのだ。

一例はソフトとデータがカギを握る自動運転技術だ。ベースのソフトを先に実装しておき、実走によるデータを集めながらAIをレベルアップさせ、ある段階でアップデートにより機能を追加する。

こうしたハードとソフトの切り離しには、自動車版OSの整備に加え、ECU（電子制御装置）の統合が欠かせない。既存の車では、作動させる部品や機能ごとに1つECUが搭載され、その数は一般的に合計60以上。いわば「分散型」制御だ。これを「集中型」制御へと切り替える必要がある。

EV新興の米テスラはいち早く19年から実車両に自動車版OSを展開。ECUは数個しかない。追随するトヨタや独フォルクスワーゲン、独ダイムラーの実現時期は24年ごろとみられる。従来車を展開していないことで、CASEに最適な車をゼロから開発できたのがテスラの強みだ。

またテスラは通信でアップデート可能な「FSD」という運転支援機能ソフトを1万ドルのオプションで提供し収益を上げている。そのビジネスモデルについては、豊田社長も「われわれにとっても非常に学ぶべき点がある」と評価する。

半導体が搭載される自動車部品の一例

パワートレイン
（駆動装置）
・エンジン
・燃料噴射装置
・トランスミッション（変速機）
・モータージェネレーター（HV用）
・モーター（EV用）
・インバーター
・PCU（パワーコントロールユニット）
シャシー
（足回り機構）
・パワーステアリング
・ABS（アンチロックブレーキシステム）
・VSC（横滑り防止装置）
・TCS（タイヤ空転抑制装置）
・サスペンション
ADAS
（先進運転支援システム）
・フロントカメラ
・LiDAR（レーザースキャナー）
・ミリ波レーダー
・GPU（画像処理装置）
ネットワーク
・CAN（車載LANのプロトコル）
・イーサネット
・ブルートゥース
・DCM（コネクテッド用通信機）
インフォテインメント
（情報娯楽機器）
・インストルメントパネル（計器盤）
・カーオーディオ
・カーナビゲーション
・GPS
・ETC
安全装置
・エアバッグ
・タイヤ空気圧監視システム
・衝突警報装置
・衝突被害軽減ブレーキ
・バックモニター
ボディー
・パワードア
・パワーウィンドー
・空調システム
・パワーシート
・サイドミラー
・ワイパー
電気・電子システム
・オルタネーター（発電機）
・バッテリー
・ヘッドライト
・故障診断装置

（注）車体はホンダの新型「LEGEND」。ここに挙げた半導体搭載部品と、同車種のそれとは必ずしも一致しない
（出所）台湾の半導体ファウンドリー、UMCの資料や取材を基に東洋経済作成

アップルカーの脅威

ＣＡＳＥが進展するとライバルも増える。米アップルは自動運転機能を持つＥＶで自動車業界への参入を模索。アーサー・ディ・リトル・ジャパンの鈴木裕人パートナーは「スマホで圧倒的な半導体調達力を持つアップルが自動車業界に参入すれば、車載向けの半導体調達でも優位に立てる可能性が高い」と指摘する。既存の自動車メーカーにとって大きな脅威になりうる。

ソニーは２０年、初めてＥＶのコンセプトカーを発表。ＣＭＯＳイメージセンサーなど車載用の先端技術をアピールするためのもので、ソニーが自動車メーカーになるわけではない。それでもコンセプト車の製造を担ったマグナ・シュタイヤーのような製造受託企業を使えば、電機メーカーでもＥＶに参入可能なことを物語る。実際に中国では、ＩＴ企業が既存の自動車メーカーと組んでＥＶを共同開発する動きも出始めている。

日本車各社は次世代技術向けの研究開発費が膨らみ、近年は利益率の低下が続く。

消耗戦の様相すら呈するが、豊田社長は「CASEの技術革新では電子部品が重要なカギを握る。これからはソフトウェアが勝負を分ける時代であり、電子部品はクルマづくりのメインストリームになる」と言い切る。

CASEによって、大きく変わる自動車産業。半導体戦略の重要性は今より格段に高まり、自動車メーカーの生き残りをも左右しかねない。

（木皮透庸）

自動車産業が直面する3つの課題

1 環境規制の強化

乗用車の走行1km当たりのCO_2排出量

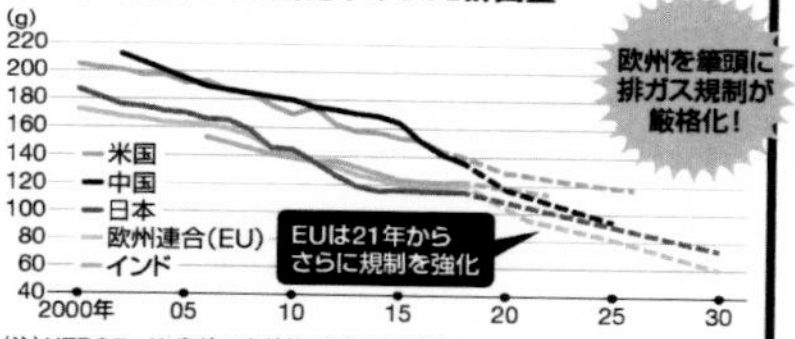

(注)NEDCモード。実線は実績値。破線は目標値
(出所)国際クリーン交通委員会(ICCT)

2 半導体搭載量の増加

自動運転技術の発達に伴う、自動車1台当たりの半導体搭載量(金額ベース)

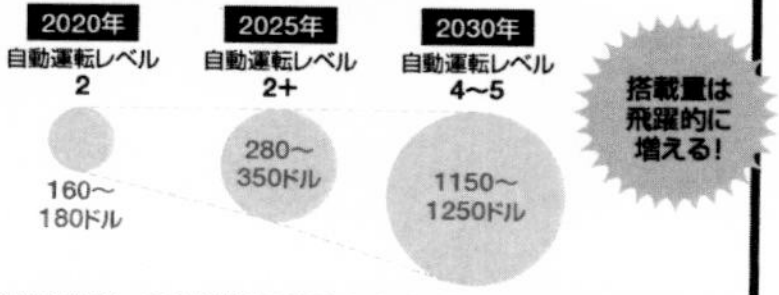

(注)自動運転レベル2:運転手の監視下で車線変更や追い越しなど複数の操作を車が行う。レベル2+:レベル2に周囲360度の状況認知やドライバー監視を追加して安全性を高めたもの。レベル4:特定の場所、条件下ですべての操作を車が行う(緊急事態も含む)。レベル5:すべての操作を車が行う
(出所)インフィニオン・テクノロジーズの決算資料を基に東洋経済作成

3 「稼ぐ力」の低下

日本車メーカー7社の売上高営業利益率(平均)の推移

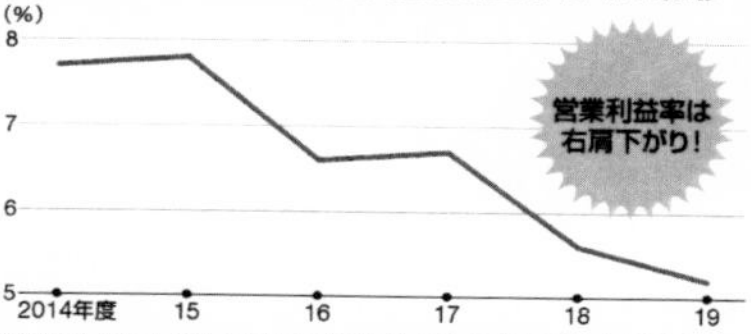

(注)トヨタ、ホンダ、日産、スズキ、マツダ、SUBARU、三菱自の売上高と営業利益それぞれの合計額から算出　(出所)各社の決算資料を基に東洋経済作成

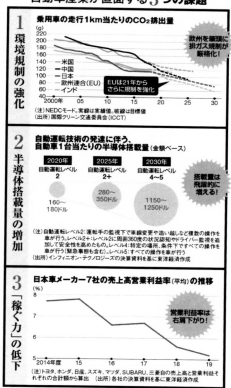

半導体でも〝備え〟が生きた

トヨタが「3・11」で得た教訓

欧米の自動車大手が半導体不足に苦しむ中、トヨタ自動車が被った影響は軽微だった。そこには2011年の東日本大震災を教訓とした徹底的なリスク管理があった。

当時トヨタの2次仕入れ先以降を含めた被災拠点数は659に上り、サプライチェーン（部品供給網）が寸断。国内工場は最長で1カ月も稼働停止を余儀なくされた。被災状況の把握にも3週間を要し、部品供給の再開にメドがつくまでに2カ月以上かかった。

「震災前は1次取引先までしか見られていなかった」とトヨタ幹部は振り返る。1次仕入れ先を複数にすることでリスクを分散したつもりでいた。だが、電子部品や化学材料の一部では、2次、3次の仕入れ先が同一の供給元になっていたケースもあり、そこが被災して全体の生産が止まった。代替生産先の選定など事前の備えも不十分だった。

複雑なサプライチェーンの「見える化」が必要だ――。トヨタは震災後2年をかけて、調達している部品の生産拠点などの情報を集約するシステム「レスキュー」を富士通と開発した。仕入れ先にサプライチェーンを開示してもらい、ランプやタイヤといった品目ごとに、約40万に上る構成品や材料の調達先を最長で10次取引先までまとめている。

レスキューでは、自然災害の発生地の情報を反映させて検索すれば、被害が予想される調達先を絞り込める。その後は電話などで状況の詳細を確認し、必要に応じて部品の代替調達先を確保する。今では半日で取引先の被災状況を把握できるようになった。

■ 東日本大震災を契機にBCP（事業継続計画）が強化された
―トヨタのサプライチェーンの被災と教訓―

災害名	年	被災状況の把握に要した期間	供給再開へのメドが立つまでの期間	生産台数への影響	教訓と対策
阪神・淡路大震災	1995	―	1～2週間	▲7万台	建物や設備の耐震化
東日本大震災	2011	3週間	2カ月以上	▲76万台	サプライチェーンの被災状況把握 半導体のBCP在庫確保
熊本地震	2016	1.5日	20日	▲8万台	重要部品の金型の分散
北海道胆振東部地震	2018	0.5日	5日	▲3万台	停電リスクの把握と備え

（注）▲はマイナス　（出所）トヨタ自動車への取材を基に東洋経済作成

リスク品目を9割削減

トヨタはこのシステムを使い、平時からリスクの可視化と対策を進めてきた。1拠点のみでの生産品目や特殊な仕様で代替生産が難しい品目を「リスク品目」に指定。震災時、トヨタが取引する全品目のうち5割に当たる約2000品目がリスク品目だった。

仕入れ先と話し合い、他拠点やほかの仕入れ先での代替生産ができるよう、金型や設計データの分散、代替品の事前評価などに取り組んだ。その結果、リスク品目は200を切り、電池関係や特殊な環境技術が必要な化学品などが残っているという。

それでも、トヨタは安易に在庫を積み増すことはしない。ジャスト・イン・タイム方式では「機能を説明できない在庫」を持つことは長期的に競争力を損なうからだ。在庫は最小限にとどめ、有事の際、いかに早く復旧や代替生産を行うか、即応力向上に注力する。

唯一の例外が車載半導体だ。震災ではルネサスエレクトロニクスの主力工場である那珂工場（茨城県ひたちなか市）が被災。自動車の制御に欠かせないマイコンの供給が逼迫する事態となった。

半導体はリードタイムが最長6カ月ほどと長いため、災害リスクが高い。トヨタは震災後、ルネサスに出資したうえ、半導体の在庫を3カ月程度持つことにした。一義的にはこの在庫が今回トヨタを救った形だが、取引先の在庫量を日頃から把握し、精緻な生産計画を開示していることも、円滑な調達に一役買った。

今回は事なきを得たが、今後は次世代車向けの部品も増えるため、リスク管理は複雑になる一方だ。トヨタには「改善後は改善前の始まり」という言葉がある。有事への備えに終わりはない。

（木皮透庸）

電池の次は半導体の自給目指す

中国・EV立国の現在地

みずほ銀行法人推進部主任研究員・湯　進

「科学技術の自主開発能力を強化し、産業のサプライチェーン（部品供給網）の現代化やデジタル化を進める」

3月5日に開幕した中国の全国人民代表大会（全人代、国会に相当）で李克強（りこっきょう）首相はそう述べ、他国に左右されない〝製造業強国〟の確立に力を注ぐ方針を強調した。中でも中国製造業の柱を成す自動車産業の振興は、国家戦略の実現において極めて重要だ。

平均所得の増加や自家用自動車の普及で、中国における新車販売台数は世界最大となり、同国内での生産台数も2009年に日本を抜いて世界首位になった。20年は年前半にコロナ禍の影響を受けたものの、春以降は需要が急速に戻り、中国1国で全世界の自動車生産の32%をも占めた。

ただし、そのほとんどは自国内で販売される車で、日本などと異なり主要な輸出産業には育っていない。裾野産業の育成や部品技術などに課題を抱えており、ガソリン車の内燃機関の技術力では日米欧との差が依然として大きい。

その中国にとって、電気自動車(EV)時代の到来は、世界の自動車産業の覇権を握る絶好のチャンスだ。EVなら内燃機関の技術は関係ない。そこで中国政府は、電池やモーターなど関連基幹部品の産業集積を進め、EV時代の「自動車強国」になる構想を描く。最終的には中国発の世界的な自動車ブランドを育て、EVの輸出大国化も目指す。

EVにシフトせざるをえない事情もある。中国内の自動車保有台数は20年末時点で2・8億台に達し、排ガスが大気汚染問題を深刻化させている。また、中国の石油輸入依存度は73%と高い水準にあり、エネルギー安全保障戦略の観点からもガソリン車をこれ以上は増やせない状況だ。ガソリン車からEVへの転換は、こうした問題の解決策にもなる。

■ EVなど新エネルギー車の生産は今後急増する
―中国の新車生産台数の推移―

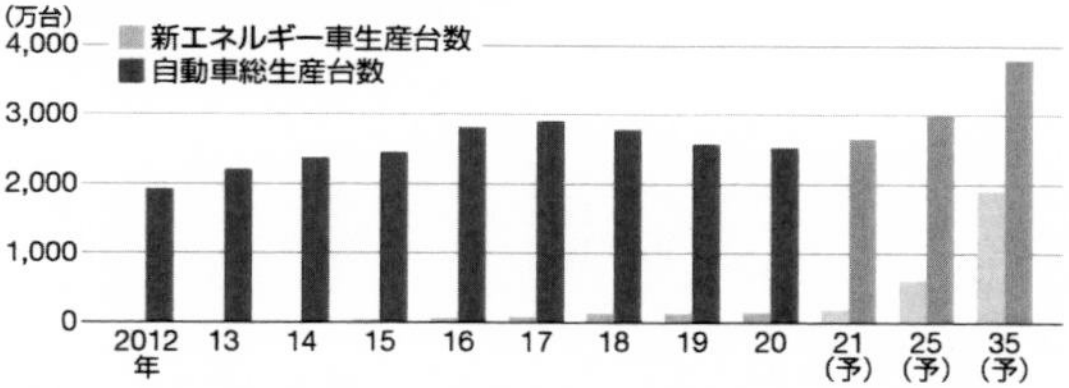

(注)新エネルギー車(NEV)とは、電気自動車、プラグインハイブリッド車、燃料電池車を指す。2021年以降は予測　(出所)中国汽車工業協会の資料を基に筆者作成

■ 中国車メーカーとIT企業の提携によるEV参入が相次ぐ
―主要中国車メーカーのEV関連の動き―

メーカー名	協業パートナー	協業内容
上海汽車	阿里巴巴(アリババ)	EVメーカー「智己汽車」の新規設立
第一汽車	独アウディ	合弁によるEVメーカーの新規設立
長安汽車	華為技術(ファーウェイ)	EV新ブランドの立ち上げ
北京汽車	マグナ・インターナショナル	EVブランド「ARCFOX」の共同開発
吉利汽車	百度(バイドゥ)、台湾・鴻海(ホンハイ)精密工業	それぞれとEVメーカーの新規設立

(出所)各社発表資料を基に筆者作成

生産は100万台突破

世界的にみても、中国政府による脱ガソリン車への取り組みは早かった。EVやプラグインハイブリッド車（PHV）など新エネルギー車（NEV）の産業を育成するため、13年に補助金政策を開始。車両購入税の免除、専用ナンバープレートの発給といった消費換起策のほか、EV普及に欠かせない充電スタンドの整備支援といったインフラ施策も推進している。

18年4月には、燃費規制（CAFC）とNEV規制の「ダブルクレジット規制」を開始した。罰則付きのルールによって、完成車メーカーの「NEVシフト」を促すのが狙いだ。一連の施策により、中国内のNEV生産台数は12年の1・3万台から20年の136万台へと急速に伸び、自動車生産全体に占める割合も0・1%から5・4%に上昇している。

ただし、EVは現時点においてまだ手厚い補助金がなければガソリン車に対する競争優位性を確立しがたい状況だ。車両の安全性と低コスト、長距離走行、充電インフラの整備が本格的なNEV普及に向けた必須条件であり、中国はこうした課題を早期に解決しようと、国を挙げて取り組んでいる。

本格普及に向けてとくに重要な課題となるのが、ガソリン車並みのコストを実現することだ。2次電池、駆動モーター、半導体を含む電子制御システムなどEVの基幹部品は、規格化された製品の大量生産によって大幅なコストダウンが実現する。そこで中国政府は、国内でこうした基幹部品の研究開発やサプライチェーンが完結する「垂直統合型のEV生産体制」の構築を目指している。

とくに戦略的に重視してきたのが車載電池だ。電池は航続距離などEVの性能を左右すると同時に、最もコストがかさむ基幹部品でもある。車載電池を低コストで安定供給できる地場企業を育成するため、中国政府は外資系メーカーの参入を排除する保護政策を取ったうえで、地場の電池メーカーに研究開発の補助金を支給するなど手厚い支援策を行ってきた。

こうした施策により、電池における中国企業の競争力は高まった。急成長を遂げたCATL（寧徳時代新能源科技）は、今や車載用で世界最大の電池メーカーだ。

ほかにも多くの車載用電池メーカーが育っている。電池の主要部材においても、上海エナジー（セパレーター）、広州天賜（電解液）、貝特瑞（負極材）などが、いずれも世界最大規模の生産能力を有するまでに成長。中国内で電池産業のサプライチェーンが形成されると同時に、低コストで部品・部材の調達ができる体制が出来上がった。

これまで中国政府は外資系の自動車メーカーが中国に進出する際には自国企業との合弁を義務づけていたが、18年にEVでは外資の出資制限を撤廃。その第1号として米テスラが単独資本で上海に工場を建設し、19年末に操業を開始した。テスラが中国で生産するEVは地場企業の部品を数多く採用しており、中国政府としては、テスラ車の現地生産拡大で自国のEV部品産業の品質やコスト競争力の向上を狙っている。

低い半導体の自給率

中国がEV生産強国を目指すうえで、今後の大きな課題となるのが半導体だ。半導体不足が顕在化した2月、中国工業情報省は、半導体メーカー59社や自動車関連企業26社の半導体調達ニーズをまとめたハンドブックを発表。車載半導体の安定供給やサプライチェーンの構築を支援する方針を示した。

先述のように電池では世界的な企業が育ち、中国内にサプライチェーンが構築されたが、精度の高い電子部品や半導体デバイスは依然として外国企業からの調達に依存している。米国は中国に対し、経済分野でのデカップリング（切り離し）を進めており、半導体の自給率の低さは今後大きなリスクになりうる。中国政府は今後、半導体の国産化を強力に推し進める方針で、自給率を20年の30％から25年に70％まで引き上げる計画だ。

20年10月に発表された中国の「省エネ・NEV技術ロードマップ2・0」では、35年をメドに純粋なガソリン車の新車販売を打ち切り、新車販売の半分をEVとPHV、燃料電池車（FCV）、残り半分をハイブリッド車（HV）にする方針が示された。

中国が電池に続き、半導体でも良質なサプライチェーンを構築できれば、自国の巨大市場を武器にスケールメリットが効き、ＥＶの製造コストは劇的に下がるだろう。そのときには、中国内での本格的なＥＶ普及に加え、ＥＶの輸出でも高い競争力を持つ「ＥＶ立国」が現実味を帯びてくる。

湯　進（タン・ジン）

２００８年みずほ銀行入行。自動車・電子産業を中心とした中国産業経済についての調査業務を行い、日本企業の中国事業支援を実施。上海工程技術大学客員教授を兼任。

「半導体メーカーと戦略関係を築く時代が来る」

ナカニシ自動車産業リサーチ　代表アナリスト・中西孝樹

半導体不足はコロナ禍からの回復局面にあった自動車産業を直撃した。混乱が投げかける課題は何か。ナカニシ自動車産業リサーチの代表アナリスト・中西孝樹氏に聞いた。

――半導体不足に伴う混乱をどのように捉えていますか。

まず体感するのは、脱炭素とコロナ禍によって自動車も含めて社会的なデジタル化が想像以上に早く進んでいるということだ。結果として半導体の需要が非常に旺盛になっている。

自動車業界はＣＡＳＥ技術の開発・普及など構造的な変化の過程にあり、さらには米テスラや米アップルなどＩＴ側に主導権を奪われてしまう危険にさらされている。デジタル化を加速しないといけない状況で今回の推移を見ると、企業が半導体を奪い合う将来の前哨戦のように見えてしまうインパクトがある。

――自動車メーカーは、サプライチェーンや在庫の持ち方の見直しにまで踏み込むべきでしょうか。

現状のような中国のマイカーブームや米国での自動車の在庫不足は落ち着いてくるとは思う。これまではコロナ禍からの挽回の状態だった。自動車の生産が安定操業に入ると同時に今の状況は改善に向かっていくのではないか。

もちろんジャスト・イン・タイムの生産システムが否定されるわけではない。ただ、半導体はリードタイムが（最長半年程度と）長く、システムになじまない面があることは事実だ。例外的に余分に持つべきであると思うし、腐らない、場所を取らないという点でも負担にはならないはず。ここはシステムに組み込むというよりも、なじまないものは在庫を持つ、という考え方が重要だ。

自動車以外の展開が急務

――CASE時代にはさらに半導体の重要性が高まりそうです。

自動車はソフトウェアと半導体の塊になり、半導体の重要性は非常に高くなる。さらに、従来の汎用製品ではなく独自性の強い高性能な半導体が必要になっていく。自動車の原価に占めるソフトウェアと半導体の割合は今後、今より格段に大きくなり、いずれハードと逆転することになると思う。

世界でみても半導体メーカーの数は少なく、代替先も見つけにくいのが現状だ。こうした背景を考慮すると、今後は自動車メーカーが半導体メーカーと直接取引をし、かつ直接的に戦略関係を築くような時代が来るのではないか。

――自動車業界では単に車を売るだけでなく、サービス業への転換を迫られるとの

指摘もあります。

CASE時代に自動車のバリューチェーンは拡大する。移動だけでなく、車を通じて暮らしや街、家がつながっていく。この中で提供される多様なサービスの需要を取り込むことが、自動車メーカーだけでなく部品メーカーにも必要になる。例えば、スマートシティー内などで使うものでも優秀なハードが必要になる。こうした自動車以外の領域が重要になっていく。

（聞き手・木皮透庸）

中西孝樹（なかにし・たかき）
1986年米オレゴン大学を卒業。メリルリンチ日本証券などを経て2013年に自動車アナリストとして独立。『自動車　新常態』など著書多数。

【週刊東洋経済】

本書は、東洋経済新報社『週刊東洋経済』2021年3月27日号より抜粋、加筆修正のうえ制作しています。この記事が完全収録された底本をはじめ、雑誌バックナンバーは小社ホームページからもお求めいただけます。

小社では、『週刊東洋経済eビジネス新書』シリーズをはじめ、このほかにも多数の電子書籍ラインナップをそろえております。ぜひストアにて「東洋経済」で検索してみてください。

『週刊東洋経済eビジネス新書』シリーズ

No.349　アクティビスト 牙むく株主
No.350　名門大学 シン・序列
No.351　電機の試練
No.352　コロナ時代の不動産
No.353　変わり始めた銀行

No.368　老後マネーの育て方
No.369　製薬　大リストラ
No.370　リスクシナリオ　2021
No.371　富裕層マル秘マネー学
No.372　コロナ時代の新住宅事情
No.373　日立・三菱重工の岐路
No.374　脱炭素サバイバル
No.375　郵政崩壊
No.376　脱・ストレスの処方箋
No.377　働き方と経営の法律
No.378　コロナ倒産危機

週刊東洋経済eビジネス新書　No.379
車載半導体　争奪戦

【本誌（底本）】
編集局　高橋玲央、木皮透庸、田中理瑛、劉　彦甫、大竹麗子
デザイン　熊谷直美、杉山未記
進行管理　下村　恵
発行日　2021年3月27日

【電子版】
編集制作　塚田由紀夫、長谷川　隆
デザイン　市川和代
表紙写真　梅谷秀司
制作協力　丸井工文社

発行日　２０２１年１２月9日　Ver.1
発行所　〒１０３‐８３４５
東京都中央区日本橋本石町１‐２‐１
東洋経済新報社
電話　東洋経済コールセンター
０３（６３８６）１０４０
https://toyokeizai.net/
発行人　駒橋憲一

電子書籍化に際しては、仕様上の都合などにより適宜編集を加えています。登場人物に関する情報、価格、為替レートなどは、特に記載のない限り底本編集当時のものです。一部の漢字を簡易慣用字体やかなで表記している場合があります。本書は縦書きでレイアウトしています。ご覧になる機種により表示に差が生じることがあります。

本書に掲載している記事、写真、図表、データ等は、著作権法や不正競争防止法をはじめとする各種法律で保護されています。当社の許諾を得ることなく、本誌の全部または一部を、複製、翻案、公衆送信する等の利用はできません。

もしこれらに違反した場合、たとえそれが軽微な利用であったとしても、当社の利益を不当に害する行為として損害賠償その他の法的措置を講ずることがありますのでご注意ください。本誌の利用をご希望の場合は、事前に当社（TEL：03－6386－1040もしくは当社ホームページの「転載申請入力フォーム」）までお問い合わせください。

※本刊行物は、電子書籍版に基づいてプリントオンデマンド版として作成されたものです。